1 MONTH OF
FREE
READING

at

www.ForgottenBooks.com

By purchasing this book you are eligible for one month membership to ForgottenBooks.com, giving you unlimited access to our entire collection of over 1,000,000 titles via our web site and mobile apps.

To claim your free month visit:
www.forgottenbooks.com/free577162

ISBN 978-0-656-47160-7
PIBN 10577162

ANZEIGER

DER KAISERLICHEN

AKADEMIE DER WISSENSCHAFTEN.

———

PHILOSOPHISCH-HISTORISCHE KLASSE.

XLII. JAHRGANG 1905.

N° I—XXVII.

———

WIEN, 1905.

IN KOMMISSION BEI ALFRED HÖLDER.

K. U. K HOF- UND UNIVERSITATS-BUCHHÄNDLER
BUCHHÄNDLER DER KAISERLICHEN AKADEMIE DER WISSENSCHAFTEN.

ANZEIGER

DER KAISERLICHEN

AKADEMIE DER WISSENSCHAFTEN.

PHILOSOPHISCH-HISTORISCHE KLASSE.

XLII. JAHRGANG 1905.

N° I—XXVII.

WIEN, 1905.

IN KOMMISSION BEI ALFRED HÖLDER.

K U. K HOF- UND UNIVERSITATS-BUCHHÄNDLER
BUCHHÄNDLER DER KAISERLICHEN AKADEMIE DER WISSENSCHAFTEN.

Druck von Adolf Holzhausen in Wien.

INHALT.

A.

Archiv für österreichische Geschichte: Vorlage des soeben erschienenen
93. Bandes, 2. Hälfte. Wien 1905. Nr. XXVI, S. 125 und 126.

Archivalische Zeitschrift, herausgegeben durch das bayrische allgemeine
Reichsarchiv in München. Neue Folge, XII. Band.· München 1905.
Nr. XX, S. 107.

Assoziation, internationale, der Akademien und gelehrten Gesellschaften:
Zuschrift des hohen Kuratoriums der kaiserl. Akademie, wonach Seine
k. und k. Hoheit der durchlauchtigste Herr Erzherzog-Kurator die
Wahl des Präsidenten der Akademie, Herrn Professor E. Sueß, zum
Vorsitzenden und des Vizepräsidenten, Sr. Exzellenz W. v. Hartel,
zum Vorsitzenden-Stellvertreter des Ausschusses der internationalen
Assoziation mit Dank zur höchsten Kenntnis zu nehmen geruht habe.
Nr. I, S. 1.

— Bericht über die Verhandlungen der zweiten Vollversammlung der
internationalen Assoziation zu London, 25. bis 27. Mai 1904; übersandt von der Royal Society in London. Nr. I, S. 3.

— Vorlage des vom Präsidenten des Exekutivkomitees für die Herausgabe einer Realenzyklopädie des Islâm, k. M. Professor M. de Goeje
in Leiden, übermittelten Auszuges aus dem Verhandlungsprotokoll
der literarischen Sektion der II. Generalversammlung der internationalen Assoziation zu London, 25. Mai 1904. Nr. I, S. 3.

— Mitteilungen und Vorschläge der königl. Gesellschaft der Wissenschaften zu Göttingen zu der geplanten Herausgabe des Mahâbhârata.
Nr. X, S. 33.

— Dank des zur Herausgabe einer Realenzyklopädie des Islâm eingesetzten Exekutivkomitees für die Bewilligung eines auf drei Jahre
bewilligten Beitrages von jährlichen 2500 Kronen. Nr. XI, S. 36.

— Zuschriften der kaiserl. Akademie der Wissenschaften in St. Petersburg, der Académie des inscriptions et belles-lettres in Paris, der
königl. dänischen Gesellschaft der Wissenschaften in Kopenhagen, der
königl. Akademie der Wissenschaften zu Amsterdam und der Real
Academia de Ciencias in Madrid in Angelegenheit der kritischen
Herausgabe des Mahâbhârata. Nr. XII, S. 39—40.

— Zuschrift der königl. preußischen Akademie der Wissenschaften zu
Berlin bezüglich ihrer Teilnahme an der Herausgabe des Mahâbhârata
und Designierung ihres o. M. Professors Dr. Fischel in die Überwachungskommission. Nr. XIII, S. 68.

— Zuschriften der Académie Royale des Sciences, des Lettres et des
Beaux-Arts de Belgique in Brüssel und der königl. sächsischen Ge-
sellschaft in Leipzig bezüglich der Teilnahme an der Herausgabe des
Mahâbhârata. Nr. XIV, S. 70.

— Zuschriften der Académie des inscriptions et belles-lettres in Paris,
der königl. Gesellschaft der Wissenschaften zu Göttingen, der königl.
preußischen Akademie der Wissenschaften zu Berlin, der Académie
Royale des Sciences, des Lettres et des Beaux-Arts de Belgique in
Brüssel und der Real Accademia dei Lincei in Rom betreffs Teilnahme
an der Nürnberger Mahâbhârata-Konferenz. Nr. XVI, S. 78.

Assoziation, internationale, der Akademien und gelehrten Gesellschaften: Bericht des w. M. Professors Dr. L. v. Schroeder über die Nürnberger Mahâbhârata-Konferenz. Nr. XVI, S. 78.

— Antrag der Académie Royale in Brüssel betreffs Registrierung der fremdsprachlichen Manuskripte, Unika, Kartenwerke, Stadtpläne, Gemälde, Porträts etc. Nr. XV, S. 73.

— Zuschriften der königl. schwedischen Akademie der Wissenschaften zu Stockholm, der königl. Gesellschaft der Wissenschaften zu Göttingen und der National Academy of Sciences zu Cambridge (Mass.) bezüglich Herausgabe des Mahâbhârata. Nr. XIX, S. 104—105.

Association internationale pour l'exploration de l'Asie Centrale et de l'extrême Orient: Zuschrift des Präsidenten Herrn W. Radloff in St. Petersburg, worin er das IV. Bulletin (vom März 1905) übersendet und die Gründung eines österreichischen Lokalkomitees in Anregung bringt. Nr. XIII, S. 68.

— Vorlage des V. Bulletins, übersendet vom Obmanne des russischen Komitees, Herrn W. Radloff in St. Petersburg. Nr. XVII, S. 79.

Athen, Internationaler archäologischer Kongreß, Februar 1905: Mitteilung des k. k. Ministeriums für Kultus und Unterricht bezüglich des letzten Meldetermines für die Teilnahme an demselben und Übermittlung des Programmes. Nr. II, S. 5.

Nähere Mitteilungen bezüglich der von diesem Kongresse geplanten zwei Reiserouten. Nr. IV, S. 11.

Atti della Accademia scientifica Veneto-Trentino-Istriana. Nuova serie I. 1. Padova 1904. Nr. XV, S. 71.

B.

Balkankommission: Vorlage des eben erschienenen VI. Heftes der ‚Schriften der Balkankommission. Linguistische Abteilung‘, enthaltend: ‚Der heutige lesbische Dialekt verglichen mit den übrigen nordgriechischen Mundarten von Paul Kretschmer. Mit einer Karte. Wien 1905‘. Nr. XXI, S. 111.

Basset, René, Präsident des Organisationskomitees für die XIV. Session des internationalen Orientalistenkongresses in Mustapha, Algier: Dankschreiben für die Entsendung von Delegierten der kaiserl. Akademie zu diesem Kongresse. Nr. XI, S. 36.

Bauer, Dr. Adolf, Professor an der k. k. Universität in Graz, k. M.: Spende des Werkes ‚Die Chronik des Hippolytos im Matritensis Graecus 121 nebst einer Abhandlung über den Stadiasmus Maris Magni von Otto Cuntz. Leipzig 1905‘. Nr. XXVII, S. 127.

Bayerle Alexander, Pfarrer in Pottschach: Bericht über dort vorhandene Urbarialaufzeichnungen. Nr. XVII, S. 80.

Beck, Dr. Hermann: Kritische Blätter für die gesamten Sozialwissenschaften. Bibliographisch-kritisches Zentralorgan, herausgegeben von — —, Dr. H. Dorn und Dr. O. Spann. Januar 1905. Nr. XI, S. 36.

Beck, Karl Friedrich: Über die Verwertung der Doubletten unserer Bibliotheken. Ein Aufruf zur Gründung eines internationalen Instituts für
Doublettenaustausch. Basel 1904. Nr. VII, S. 25.

Benndorf, Dr. Otto, Sektionschef und Direktor des österr. archäologischen
Institutes in Wien, w. M.: Vorlage eines Berichtes des Sekretärs des
k. k. österr. archäologischen Institutes, Professors Dr. Rudolf Heberdey
in Wien, über die ephesischen Grabungen im Jahre 1904. Nr. XVII,
S. 81.

Bergner, Paul: ,Verzeichnis der gräflich Nostitzschen Gemäldegalerie zu
Prag. Prag 1905'. Nr. XXIII, S. 115.

Bericht des Professors Dr. Konrad Schiffmann über die Ergebnisse seiner
im Auftrage der Weistümer- und Urbarkommission unternommenen
Bereisung der oberösterreichischen Pfarrarchive. Nr. I, S. 3.

— über die Verhandlungen der zweiten Vollversammlung der internationalen Assoziation zu London, 25. bis 27. Mai 1904. Nr. I, S. 3.

— des Dr. B. Laufer über seine Reisen in Hochasien und seinen Aufenthalt in Peking. Nr. II, S. 5.

— des k. und k. Obersten Maximilian Groller v. Mildensee über die im
Jahre 1904 seitens der akademischen Limeskommission ausgeführten
Ausgrabungen in Carnuntum. Nr. V, S. 17.

— des Professors Dr. Heinrich Sieveking in Marburg in Hessen über
seine mit Unterstützung aus dem Savigny-Fonde unternommenen Untersuchungen unter dem Titel ,Die Handlungsbücher der Medici. I. Das
Vermögen der Medici'. Nr. XI, S. 36.

— des Herrn Dr. Friedrich Hrozný in Wien über seine mit Unterstützung
der Klasse ausgeführte Reise nach Konstantinopel zwecks neuerlicher
Kollationierung der von ihm entzifferten Keilinschrifttexte von
Ta'annek. Nr. XVII, S. 80.

— des Sekretärs des k. k. österr. archäologischen Institutes, Professors
Dr. Rudolf Heberdey in Wien, über die ephesischen Grabungen im
Jahre 1904. Nr. XVII, S. 81.

— des Herrn Dr. Rudolf Wolkau, Skriptors an der k. k. Universitätsbibliothek und Privatdozenten in Wien, über seine Reise zur Sammlung der Briefe des Eneas Silvius vor seiner Erhebung auf den päpstlichen Stuhl. Nr. IV, S. 12.

Berlin, königl. preußische Akademie der Wissenschaften: Erklärt ihre Geneigtheit, sich an der Herausgabe des Mahâbhârata durch die internationale Assoziation der Akademien zu beteiligen, und designiert als
ihren Vertreter in der Überwachungskommission ihr ordentliches Mitglied Herrn Professor Dr. Pischel. Nr. XIII, S. 68.

— Mitteilung, daß dieselbe als ihren Vertreter bei der Nürnberger
Mahâbhârata-Konferenz Herrn geheimen Regierungsrat Professor Dr.
Pischel entsendet. Nr. XVI, S. 78.

— Deutsche Texte des Mittelalters, Bd. II: ,Rudolfs von Ems Wille-
halm von Orlens, herausgegeben aus dem Wasserburger Kodex der
fürstlich Fürstenbergischen Hofbibliothek zu Donaueschingen von
Dr. Viktor Junk, zweitem Aktuar der kaiserl. Akademie der Wissen-

schaften in Wien. Mit 3 Tafeln in Lichtdruck. Berlin 1905'. Nr. XVII, S. 79.

Berlin, Diez-Stiftung: Beschluß der philosophisch-historischen Klasse, nach dem verstorbenen w. M. Hofrat Mussafia das w. M. Herrn Professor Meyer-Lübke in den Vorstand der Diez-Stiftung zu entsenden. Nr. XVIII, S. 100.

— Monumenta Germaniae historica: Fl. Merobaudis reliquiae, Blossii Aemilii Dracontii carmina, Eugenii Toletani episcopi carmina et epistulae cum appendicula carminum spuriorum edidit Fridericus Vollmer (tom. XIV). Berolini 1905. Nr. VI, S. 23.

—. Kuratorium der Savigny-Stiftung: Mitteilung, daß die Zinsenrate, welche der kaiserl. Akademie für die Zwecke dieser Stiftung pro 1905 zur Verfügung gestellt wird, 5000 Mark betrage. Nr. VII, S. 25.

Beyrût, Université St. Joseph, Faculté Orientale: Dankschreiben für die geschenkweise Überlassung der bisher erschienenen sechs Bände der Schriften der südarabischen Expedition. Nr. XIX, S. 103.

Bhashya Charya, Pandit N.: ,The Age of Patanjali by the late — —. New and revised edition. Madras 1905' (Adyar Library Series. Nr. 1). Nr. XX, S. 107.

Bibesco-Preis: Mitteilung der Société de Linguistique de Paris von der erfolgten Verteilung dieses Preises an Professor Dr. Ovide Densusianu in Bukarest für seine Arbeit ,Histoire de la langue roumaine', und von der Neuausschreibung des Preises pro 1907. Nr. VIII, S. 29.

Böhm, Leonhard, in Ungarisch-Weißkirchen: Vorlage der Abhandlung ,Neue Römerstudien am rechtsuferigen unteren Donaulimes'. Nr. XXI, S. 110.

Böhmen, Landesausschuß des Königreiches: Vorlage des geschenkweise an die kaiserl. Akademie gelangten Druckwerkes: ,Codex diplomaticus et epistolaris Regni Bohemiae. Sumptibus Comitiorem Regni Bohemiae edidit Gustavus Friedrich. Pragae MDCCCCIV°. Nr. V, S. 22.

Bonn, Rheinisches Provinzialmuseum: Vorlage des Werkes ,Novaesium. Das im Auftrage des rheinischen Provinzialverbandes vom Bonner Provinzialmuseum 1887—1890 ausgegrabene Legionslager. Textband und Tafelband. Bonn 1904'. Nr. VI, S. 24.

Brandstetter, R.: Das schweizerdeutsche Lehngut im Romontschen (Rätoromanische Forschungen, I.). Luzern 1905; vom Verfasser geschenkweise übersendet. Nr. XI, S. 35.

Brauer, Dr. Friedrich, Hofrat und emeritierter Professor der Zoologie an der Universität Wien, w. M.: Mitteilung von seinem am 29. Dezember 1904 erfolgten Ableben. Nr. I, S. 1.

Brüssel, Académie Royale des Sciences, des Lettres et des Beaux-Arts de Belgique: Zuschrift, worin dieselbe bedauert, sich an der durch die internationale Assoziation der Akademien geplanten Herausgabe des Mahâbhârata nicht beteiligen zu können. Nr. XIV, S. 70.

— — Zuschrift, worin dieselbe bedauert, zu der Nürnberger Mahâbhârata-Konferenz keinen Vertreter entsenden zu können. Nr. XVI, S. 78.

— — Übermittlung eines für die Generalversammlung der internationalen Assoziation der Akademien zu Wien 1907 bestimmten Antrages

ihres Mitgliedes Professors Paul Fredericq betreffs Einleitung von
Schritten bei den betreffenden Regierungen, damit die öffentlichen
Bibliotheken, Archive und Museen eingeladen werden, ihre fremdsprachlichen Manuskripte, ihre Unika, Kartenwerke, Stadtpläne, Gemälde, Porträts etc. zu verzeichnen. Nr. XV, S. 73.

Bruno: ‚Théorie exacte et notation finale de la Musique. Porto 1903‘.
Nr. XIII, S. 68.

Budapest, statistisches Bureau: Die Sterblichkeit der Haupt- und Residenzstadt Budapest in den Jahren 1901—1905 und deren Ursachen. Von
Dr. Josef v. Körösy. II. (tabellarischer) Teil, 3. Heft: 1903. Berlin
1905. Nr. XXVII, S. 127.

— — Die Hauptstadt Budapest im Jahre 1901. Resultate der Volkszählung und Volksbeschreibung. Von Dr. Josef v. Körösy und Dr. Gustav Thirring. II. Bd. Berlin 1905. Nr. XXVII, S. 127.   ·

— Statistisches Jahrbuch der Haupt- und Residenzstadt Budapest VI. Jahrgang 1903. Redigiert von Professor Dr. Gustav Thirring. Budapest
1905. Nr. XXVII, S. 127.

Budge, E. A. Wallis, in London: ‚The Book of Paradise etc. by Palladius,
Hieronymus and others, edited by — —‘. London 1904‘, 2 Bände, gespendet von Lady Menx in London. Nr. XI, S. 35.

Bünker, J. Reinhard, Lehrer in Ödenburg: Dankschreiben für die ihm zur
Herausgabe seiner Märchensammlung in heanzischer Mundart bewilligte Subvention. Nr. XI, S. 36.

C.

Cambridge (Mass.), National Academy of Sciences: Mitteilung, daß dieselbe unter Hinweis auf ihre rein naturwissenschaftliche Bestimmung
ihre Teilnahme an der Edition des Mahâbhârata ablehnen zu müssen
erklärt. Nr. XIX, S. 104.

Caviezel v. Rothenbrunnen, Hartmann: Die Landschaft Avers. 1905. Nr. XXI,
S. 109.

Chevalier, Ulysse, Correspondant de l'Institut in Paris: Ordinaires de
l'église cathédrale de Laon (XIIe et XIIIe siècles) suivis de deux Mystères liturgiques publiés d'après les manuscrits originaux. Paris 1897.
Nr. XV, S. 72.

— Actes anciens et Documents, concernant le bienheureux Urban V
Papa, sa famille, sa personne, son pontificat, ses miracles et son culte,
recueillis par feu M. le Chanoine I.-H. Albanés. Tome premier. Paris-
Marseille 1897. Nr. XV, S. 72.

— Cartulaire de l'Abbaye de Saint Bernard de Romans. Nouvelle édition
complète d'après de manuscrit original classée par ordre chronologique. Ière Partie (817—1093). Romans 1898. Nr. XV, S. 72.

Gallia christiana novissima. Histoire des archevêchés, évêchés et ab-
bayes de France. Tome I. (Aix, Apt, Fréjus, Gap, Riez et Sisteron.)
Montbéliard 1899. — Tome II. (Marseille. Évêques, Prévots, Statuts.)
Valence 1899. — Tome III. (Arles. Archevêques, Conciles, Prévots,
Statuts.) Valence 1900. Nr. XV, S. 72.

Chevalier, Ulysse, Correspondant de l'Institut in Paris: Sacramentaire et Martyrologe de l'abbaye de Saint-Remy. Martyrologe, Calendrier, Ordinaires et Prosaire de la métropole de Reims (VIIIᵉ—XIIIᵉ siècles) publiés d'après les manuscrits de Paris, Londres, Reims et Assise. Paris 1900. Nr. XV, S. 72.

— Apringius de Béja. Son Commentaire de l'Apocalypse, écrit sous Theudis, Roi des Wisigoths (531—548). Publié pour la première fois d'après le manuscrit unique de l'université de Copenhague par Dom Marius Férotin. Paris 1900. Nr. XV, S. 72.

— Tropaire-Prosier de l'abbaye Saint-Martin de Montauriol publié d'après le manuscrit original (XIᵉ—XIIIᵉ siècles) par l'Abbé Camille Daux. Paris 1901. Nr. XV, S. 72.

— L'abjuration de Jeanne d'Arc au cimetière de Saint-Ouen et l'authenticité de sa formule. Étude critique. Paris 1902. Nr. XV, S. 72.

— Autor des origines du Suaire de Lirey avec documents inédits. Paris 1903. Nr. XV, S. 72.

— Repertorium Hymnologicum. Catalogue des chants, hymnes, proses, séquences, tropes en usage dans l'église latine depuis les origines jusqu'à nos jours. Tome III (A—Z. Nos. 22257—34827). Extrait des Analecta Bollandiana. Louvain 1904. Nr. XV, S. 72.

— Jeanne d'Arc. Bio-Bibliographie. Valence 1905. Nr. XV, S. 73.

Comparetti, Dr. Domenico, Senator und Professor in Florenz: Zuschrift, daß er namens der kaiserl. Akademie einen Lorbeerkranz am Sarge Adolf Mussafias niedergelegt hat. Nr. XVI, S. 75.

Congrés international d'expansion économique mondiale: Einladung an die kaiserl. Akademie zur Teilnahme an diesem im September l. J. zu Mons in Belgien tagenden Kongresse. Nr. XVII, S. 80.

Conze, Dr. A., Direktor in Berlin, k. M.: Übersendung der 14. Lieferung des Werkes ‚Die attischen Grabreliefs, Berlin 1905‘ und Mitteilung, daß mit der in Vorbereitung stehenden 15. Lieferung dieser Publikation das Ende des Hauptteiles derselben erreicht sein wird. Nr. XX, S. 107.

Coubertin, Pierre de: ‚La chronique de France, publiée sous la direction — —. 5ᵉ année, 1904‘. Nr. XX, S. 107.

Criste, Oskar: ‚Feldmarschall Johannes Fürst von Liechtenstein. Eine Biographie. Herausgegeben und verlegt von der Gesellschaft für neuere Geschichte Österreichs. Wien 1905‘. Nr. XIV, S. 69.

Cserna, Paul, in Budapest: Vorlage der Abhandlung, betitelt: ‚Altösterreichische Räuberpreventivmaßregel‘. Nr. XXVI, S. 125.

Cuntz, Otto: Abhandlung über den Stadiasmus Maris Magni (Bauer: Die Chronik des Hippolytos im Matritensis Graecus 121). Leipzig 1905. Nr. XXVII, S. 127.

D.

Dankschreiben:

— des k. M. Rockinger für eine Glückwunschadresse. Nr. I, S. 2.

— des archäologischen Kabinetts der böhmischen Universität in Prag für die Überlassung akademischer Schriften. Nr. I, S. 2.

Dankschreiben:

— des Dichters G. Hauptmann für die Zuerkennung des Grillparzer-Preises an sein Drama ‚Der arme Heinrich‘. Nr. III, S. 9.

— der Vorstände des historischen Seminars der k. k. Universität Innsbruck für die Überlassung akademischer Publikationen. Nr. IX, S. 31.

— der Biblioteca Nazionale in Turin für geschenkweise Übermittlung akademischer Publikationen. Nr. X, S. 33.

— des k. M. de Goeje für die Bewilligung von jährlichen 2500 Kronen auf drei Jahre zur Herausgabe einer Realenzyklopädie des Islâm. Nr. XI, S. 36.

— des Herrn J. R. Bünker für die bewilligte Subvention von 200 Kronen zur Herausgabe seiner Märchensammlung in heanzischer Mundart. Nr. XI, S. 36.

— der Familie Heinzel für die Teilnahme der Akademie am Leichenbegängnisse des w. M. Richard Heinzel. Nr. XII, S. 39.

— der Bibliothek des historischen Vereines des Kantons St. Gallen für die geschenkweise erfolgte Ergänzung von Lücken akademischer Publikationen. Nr. XIII, S. 67.

— der Frau Emma Krall für die ihr anläßlich des Ablebens ihres Gatten, des k. M. Herrn Prof. Dr. Jakob Krall, bewiesene Teilnahme. Nr. XIV, S. 69.

— Prof. Dr. Heinrich Schenkl in Graz für die ihm zur Beschaffung des noch fehlenden handschriftlichen Materials für eine Ausgabe der Reden des Themistius und Himerius bewilligte Reisesubvention. Nr. XVI, S. 76.

— des Herrn Prof. Dr. A. Musil für die ihm zur Herstellung der Karte von Nordarabien bewilligte Subvention. Nr. XVIII, S. 100.

— Prof. V. Fiorini in Rom für die Bewilligung des ‚Archivs für österreichische Geschichte‘ im Schriftentausch. Nr. XIX, S. 103.

— Prof. Dr. M. Friedwagner in Czernowitz für die Bewilligung eines Druckkostenbeitrages zur Herausgabe des II. Bandes der Dichtungen des Raoul de Houdenc. Nr. XIX, S. 103.

— Université St. Joseph, Faculté Orientale, in Beyrût für die geschenkweise Überlassung der bisher erschienenen sechs Bände der Schriften der südarabischen Expedition. Nr. XIX, S. 103.

— k. M. Prof. Hans von Voltelini in Innsbruck für die Verwendung der Akademie zur Erlangung von Abschriften von Aktenstücken aus dem Mailänder Staatsarchive. Nr. XIX, S. 103.

— k. M. Murray in Oxford für seine Wahl zum korrespondierenden Mitgliede. Nr. XXII, S. 113.

— k. M. Prof. J. Seemüller für seine Berufung in die Weistümer- und Urbarkommission. Nr. XXII, S. 113.

— Bibliothek des Stiftes Melk für Überlassung von akademischen Publikationen. Nr. XXIII, S. 115.

Daux, Camille: Tropaire-Prosier de l'abbaye Saint-Martin de Montauriol publié d'après le manuscrit original (XIᵉ—XIIIᵉ siècle) par l'abbé — —. Paris 1901. Nr. XV, S. 72.

Deuifle, P. Heinrich, Subarchivar des heiligen Stuhles in Rom, k. M.: Mitteilung von seinem am 10. Juni 1905 erfolgten Ableben. Nr. XVI, S. 75.

Densusianu, Ovide, Prof. in Bukarest: Mitteilung der Société de Linguistique de Paris von der erfolgten Verleihung des Bibescopreises an — — für seine Arbeit ‚Histoire de la langue roumaine' und von der Neuausschreibung dieses Preises pro 1907. Nr. VIII, S. 29.

Doblinger, Dr. Max, Aspirant des steiermärkischen Landesarchivs in Graz: Vorlage der Abhandlung ‚Die Herren von Walsee. Ein Beitrag zur österreichischen Adelsgeschichte.' Nr. XXII, S. 114.

Dorn, Dr. H.: Kritische Blätter für die gesamten Sozialwissenschaften. Bibliographisch-kritisches Zentralorgan, herausgegeben von Dr. Hermann Beck, — — und Dr. O. Spann. Januar 1905. Nr. XI, S. 36.

Druckschriften, akademische, neu erschienen und vorgelegt: Sitzungsberichte der phil.-hist. Klasse, Band CXLIX, Jahrgang 1904/5. Wien 1905. Nr. XXV, S. 121 und 123.

— Archiv für österr. Geschichte, Band 93, II. Hälfte. Wien 1905. Nr. XXVI, S. 125.

— Verzeichnis der von Mitte April 1904 bis Mitte April 1905 an die phil.-hist. Klasse der kaiserl. Akademie der Wissenschaften gelangten periodischen —. Nr. XII, S. 47.

F.

Pérotin, Dom Marius: Apringius de Béja. Son Commentaire de l'Apocalypse, écrit sous Theudis, Roi des Wisigoths (531—548). Publié pour la première fois d'après le manuscrit unique de l'Université de Copenhague par — —. Paris 1900. Nr. XV, S. 72.

Ferrand, Gabriel: ‚Un texte Arabico-Malgache du XVIe siècle transcrit, traduit et annoté d'après les mss. 7 et 8 de la Bibliothèque Nationale par M. — —, Consul de France. (Tiré des notices et extraits des manuscrits de la Bibliothèque Nationale et autres bibliothèques, tome XXXVIII.) Paris 1904'. Geschenk des Herausgebers. Nr. XIV, S. 69.

— ‚Un texte Arabico-Malgache ancien transcrit et traduit par — —, consul de France. Alger 1905.' Nr. XVIII, S. 99.

Fiorini, Prof. Vittorio, in Rom: Dankschreiben desselben als Herausgeber des Archivio Muratoriano für die Bewilligung des ‚Archivs für österreichische Geschichte' im Schriftentausch. Nr. XIX, S. 103.

Fredericq, Prof. Paul, Mitglied der Académie Royale in Brüssel: Antrag betreffs Einleitung von Schritten bei den betreffenden Regierungen, damit die öffentlichen Bibliotheken, Archive und Museen eingeladen werden, ihre fremdsprachlichen Manuskripte, Unika, Kartenwerke, Stadtpläne, Gemälde, Porträts etc. zu verzeichnen. Nr. XV, S. 73.

Friedrich, Gustav: ‚Codex diplomaticus et epistolaris Regni Bohemiae. Sumptibus Comitiorem Regni Bohemiae edidit — —. Tomi primi fasciculus prior. Pragae 1904.' Nr. V, S. 22.

Friedwagner, Dr. Matthias, Prof. an der k. k. Universität in Czernowitz:
Subvention zur Herausgabe des II. Teiles der altfranzösischen Gedichte
des Raoul de Houdenc im Betrage von 1200 Kronen. Nr. XIX, S. 106.

— — Dankschreiben für die Bewilligung eines Druckkostenbeitrages zur
Herausgabe des II. Bandes der Dichtungen des Raoul de Houdenc.
Nr. XIX, S. 103.

Fröhlich-Stiftung, Kuratorium der Schwestern — — zur Unterstützung
bedürftiger hervorragender schaffender Talente auf dem Gebiete der
Kunst, Literatur und Wissenschaft: Kundmachung des Kuratoriums
über die Verleihung von Stipendien und Pensionen aus dieser Stiftung.
Nr. III, S. 9.

Fuchs, Prof. Dr. Adalbert Franz, Pfarrverweser in Brunnkirchen: Vorlage
der Abhandlung ‚Urkunden und Regesten zur Geschichte der aufge-
hobenen Karthause Aggsbach'. Nr. IV, S. 12.

G.

Gallen, St., Bibliothek des historischen Vereins des Kantons: Dankschreiben
für die geschenkweise erfolgte Ergänzung von Lücken akademischer
Publikationen. Nr. XIII, S. 67.

Gebert, Dr. Karl: ‚Katholischer Glaube und die Entwicklung des Geisteslebens. München 1905.' Nr. XV, S. 71.

Geisler, Viktor: ‚Was ist Philosophie? Was ist Geschichte der Philosophie?
Von — —. Berlin 1905.' Nr. XIV, S. 69.

Gesellschaft für neuere Geschichte Österreichs: ‚Feldmarschall Johannes
Fürst von Liechtenstein. Eine Biographie von Oskar Criste. Herausgegeben und verlegt von der — —. Wien 1905.' Nr. XIV, S. 69.

— königl., der Wissenschaften in Göttingen: Mitteilungen und Vorschläge
zu der geplanten Herausgabe des Mahâbhârata durch die internationale Association der Akademie. Nr. X, S. 33.

— —: Zuschrift, daß sie zu der Nürnberger Mahâbhârata-Konferenz ihr
o. M., Herrn geheimen Regierungsrat Prof. Dr. Kielhorn delegiert hat.
Nr. XVI, S. 78.

— —: Mitteilung von der erfolgten Subvention an Prof. Lüders in
Rostock für die Fortführung seiner Untersuchungen über die Mahâbhârata-Handschriften. Nr. XIX, S. 104.

— — zu Leipzig: Mitteilung, daß sie die Geschäfte des Kartells pro
1905 übernommen hat und als Versammlungstermin den 9. oder
16. Juni vorschlägt. Nr. VIII, S. 29.

— —: Einladung zu der Freitag den 9. Juni l. J. in Leipzig stattfindenden Versammlung des Kartells. Nr. XIII, S. 67.

— —: Zuschrift, worin sich dieselbe bereit erklärt, an der Edition des
Mahâbhârata teilzunehmen und einen jährlichen Kostenbeitrag von
500 Mark, zunächst auf drei Jahre, zu bewilligen. Nr. XIV, S. 70.

— —: Mitteilung, worin sie in Ergänzung ihrer früheren Mitteilung
Herrn Geheimrat Prof. Dr. E. Windisch als ihren Vertreter in der Mahâbhârata-Kommission bezeichnet. Nr. XV, S. 73.

Goeje, Dr. M. J. de, Prof. au der Universität Leiden, k. M.: Auszug aus dem Verhandlungsprotokolle der literarischen Sektion der II. Generalversammlung der internationalen Assoziation (Realenzyklopädie des Islâm) zu London, 25. Mai 1994. Nr. I, S. 3.

— Dank des Sekretärs der Klasse, Hofrat Ritter v. Karabacek, im Namen des k. M. Prof.

— — in Leiden namens des zur Herausgabe einer Realenzyklopädie des Islâm eingesetzten Exekutivkomitees für die Bewilligung eines auf drei Jahre bewilligten Beitrages von jährlichen 2300 Kronon. Nr. XI, S. 36.

Göttingen, königl. Gesellschaft der Wissenschaften: Mitteilungen und Vorschläge zu der geplanten Herausgabe des Mahâbhârata durch die internationale Assoziation der Akademie. Nr. X, S. 33.

— —: Mitteilung, daß sie als ihren Vertreter bei der Nürnberger Mahâbhârata-Konferenz Herrn geheimen Regierungsrat Prof. Dr. Kielhorn delegiert hat. Nr. XVI, S. 78.

— —: Mitteilung, daß sie entsprechend den Verhandlungen auf der Nürnberger Mahâbhârata-Konferenz Herrn Prof. Dr. Lüders in Rostock für die Fortführung seiner Untersuchungen über die Mahâbhârata-Handschriften ein Reisestipendium von 1000 Mark bewilligt habe. Nr. XIX, S. 104.

Gomperz, Dr. Theodor, Hofrat, Mitglied des Herrenhauses, w. M.: Vorlage der für die Sitzungsberichte bestimmten Abhandlung: ‚Beiträge zur Kritik und Erklärung griechischer Schriftsteller, VIII.‘ Nr. XII, S. 46.

— Vorlage der für die Sitzungsberichte bestimmten Abhandlung, die den Titel trägt: ‚Platonische Aufsätze IV‘. Nr. XIX, S. 104.

— Bericht über die Konferenz der inter-akademischen Kommission für die Herausgabe des Thesaurus linguae latinae am 12. und 13. Juni 1905 zu München. Nr. XXI, S. 111.

Gottsched - Wörterbuch. Ehrenstätte für alle Wörter, Redensarten und Redewendungen in den Schriften des Meisters. I. Band, A—D. Berlin 1904. Nr. VII, S. 25.

Grillparzer-Preis: Dankschreiben des Herrn Gerhart Hauptmann für die Zuerkennung dieses Preises an sein Drama ‚Der arme Heinrich‘. Nr. III, S. 9.

Guglia, Dr. Eugen, Regierungsrat, Chefredakteur der kaiserl. ‚Wiener Zeitung‘: Vorlage der Abhandlung ‚Studien zur Geschichte des V. Laterankonzils (neue Folge)‘ für die akademischen Schriften. Nr. X, S. 33.

Guidi, Dr. Ignazio, Professor an der Universität in Rom, k. M.: Allerhöchste Bestätigung seiner Wahl zum korrespondierenden Mitgliede der Klasse. Nr. XIX, S. 102.

— Dankschreiben für seine Wahl zum korrespondierenden Mitgliede im Auslande. Nr. XIX, S. 102.

Gurin, Dr. Eugen: Nova lingua internationalis, Promet.-Propagator. Kiew 1898. Nr. XI, S. 36.

Gurlitt, Dr. Wilhelm, Professor an der k. k. Universität in Graz, k. M.: Mitteilung von seinem am 13. Februar 1905 erfolgten Ableben. Nr. VI, S. 23.

H.

Hahn, Ferdinand: Kurukh Folk-Lore in the Original. Collected and translitterated by Revd. — —. Calcutta 1905. Nr. XXI, S. 109.

Hartel, Dr. Wilhelm Ritter von, Exzellenz, k. k. Minister für Kultus und
Unterricht a. D., w. M. und Vizepräsident der kaiserl. Akademie: als
Vorsitzender-Stellvertreter des Ausschusses der internationalen Asso-
ziation der Akademien vom hohen Kuratorium bestätigt. Nr. I, S. 1.

— Vorlage des Manuskripts von Prof. Dr. H. Schenkl ‚Bibliotheca
patrum latinorum Britannica‘ für die Sitzungsberichte namens der
akademischen Kirchenväterkommission. Nr. I, S. 3.

— Begrüßung des neugewählten wirklichen Mitgliedes, Herrn Hofrates
Prof. Dr. Karl Menger. Nr. VI, S. 23.

Hartmann, Dr. Ludo M., Privatdozent in Wien: Subvention zur Fortsetzung
und Abschließung seiner Forschungen für die Herausgabe des letzten
Teiles seines ‚Tabularium S. Mariae in via lata‘ 400 Kronen. Nr. XV,
S. 74.

Hauptmann, Gerhart: Dankschreiben für die Zuerkennung des Grillparzer-
Preises an sein Drama ‚Der arme Heinrich‘. Nr. IH, S. 9.

Heberdey, Prof. Dr. Rudolf, in Wien: Bericht über die ephesischen Grabungen im Jahre 1904. Nr. XVII, S. 81.

Heinzel, Dr. Richard, Hofrat und Professor an der k. k. Universität in
Wien, w. M.: Mitteilung von seinem am 4. April 1905 erfolgten Ableben. Nr. XI, S. 35.

— Dankschreiben des Herrn Wolf Heinzel namens der Familie Heinzel
für die Teilnahme der kaiserl. Akademie am Leichenbegängnisse des
w. M. — —. Nr. XII, S. 39.

— Einladung des Herrn Prof. Josef Seemüller namens des germanistischen Seminares der k. k. Universität zu einer am 20. d. M. im
kleinen Festsaale der Universität stattgehabten Trauerfeier für — —.
Nr. XXIV, S. 119.

Helfert, Dr. Josef Alexander Freiherr von, Exzellenz, k. M. in Wien: Vorlage der Abhandlung: ‚Radetzky in den Tagen seiner ärgsten Be-
drängnis. Amtlicher Bericht des Feldmarschalls vom 18. bis 30. März
1848.‘ Nr. XIX, S. 103.

Historisches Seminar der k. k. Universität in Innsbruck: Dankschreiben
der Vorstände derselben für die geschenkweise Überlassung von akademischen Publikationen. Nr. IX, S. 31.

Hoeufft-Preis: ‚Programma certaminis poetici in Academia regia disciplinarum Neerlandica ex legato Hoeufftiano in annum MCMVI indicti‘,
übersendet von der königl. Akademie der Wissenschaften zu Amsterdam. Nr. XIII, S. 67.

Hofmann, Prof. Dr. Reinhold: ‚Dr. Georg Agricola. Ein Gelehrtenleben
aus dem Zeitalter der Reformation. Mit dem Bildnis Agricolas.
Gotha 1905.‘ Nr. XVIII, S. 99.

Holder-Egger, Dr. Oswald, geheimer Regierungsrat und Professor, stell-
vertretender Vorsitzender der Zentraldirektion der Monumenta Ger-

maniae Historica in Berlin, k. M.: Allerhöchste Bestätigung seiner
Wahl zum korrespondierenden Mitgliede der Klasse. N. XIX, S. 102.
Hrozný, Dr. Friedrich, Privatdozent an der k. k. Universität in Wien: Die
neuen Keilschrifttexte von Taʿannek (Anhang zu der Abhandlung
des Prof. Sellin: ‚Eine Nachlese auf dem Tell Taʿannekʻ). Nr. VII, S. 26.

— Subvention zu einer Reise nach Konstantinopel behufs Nachkollation
der von ihm entzifferten Keilschrifttexte von Taʿannek sowie zur
Aufnahme von Photographien und zur Herstellung der betreffenden
Tafeln 885 Kronen. Nr. XV, S. 74.

— Bericht über seine mit Unterstützung der Klasse ausgeführte Reise
nach Konstantinopel zwecks neuerlicher Kollationierung der von ihm
entzifferten Keilinschrifttexte von Taʿannek. Nr. XVII, S. 80.

I.

Inama-Sternegg, Dr. Karl Theodor von, Präsident der k. k. statistischen
Zentralkommission, geheimer Rat, w. M., Exzellenz: Vorlage des Berichtes von Herrn Prof. Dr. Heinrich Sieveking in Marburg i. H.
über den Fortgang seiner Untersuchungen über die mittelalterlichen
Handlungsbücher. Nr. IV, S. 13.

— Vorlage des Werkes: ‚The Visit of the Teshoo Lama to Peking. Chien
Lung's Inscription. 1904ʻ mit der Widmung für die Bibliothek der
kaiserl. Akademie der Wissenschaften, im Namen des Attachés der
k. und k. Gesandtschaft in Peking, k. und k. Vizekonsuls Ernest
Ludwig. Nr. VI, S. 24.

Innsbruck, Vorstände des historischen Seminars der k. k. Universität:
Dankschreiben für die geschenkweise Überlassung akademischer Publikationen an die dortige Bibliothek. Nr. IX, S. 31.

Internationale Assoziation der Akademien und gelehrten Gesellschaften:
Zuschrift des hohen Kuratoriums der kaiserl. Akademie, wornach
Seine k. und k. Hoheit der durchlauchtigste Herr Erzherzog-Kurator
die Wahl des Präsidenten der Akademie, Herrn Prof. E. Sueß, zum
Vorsitzenden und Vizepräsidenten, Sr. Exzellenz W. von Hartel zum
Vorsitzenden-Stellvertreter des Ausschusses der internationalen Asso-
ziation mit Dank zur höchsten Kenntnis zu nehmen geruht habe.
Nr. I, S. 1.

— — Bericht über die Verhandlungen der zweiten Vollversammlung der
internationalen Assoziation zu London, 25. bis 27. Mai 1904; übersandt von der Royal Society in London. Nr. I, S. 3.

— — Vorlage des vom Präsidenten des Exekutivkomitees für die
Herausgabe einer Realenzyklopädie des Islâm, k. M. Prof. M. J. de
Goeje in Leiden, übermittelten Auszuges aus dem Verhandlungsprotokoll der literarischen Sektion der zweiten Generalversammlung der
internationalen Assoziation zu London, 25. Mai 1904. Nr. I, S. 3.

— — Mitteilungen und Vorschläge der königl. Gesellschaft der Wissenschaften zu Göttingen zu der geplanten Herausgabe des Mahâbhârata.
Nr. X, S. 33.

·Internationale Assoziation der Akademien und gelehrten Gesellschaften:
Dank des zur Herausgabe einer Realenzyklopädie des Islâm eingesetzten Exekutivkomitees für die Bewilligung eines auf drei Jahre
bewilligten Beitrages von jährlichen 2500 Kronen. Nr. XI, S. 36.

— — Zuschriften der kaiserl. Akademie der Wissenschaften in St. Petersburg, der Académie des inscriptions et belles-lettres in Paris, der
königl. dänischen Gesellschaft der Wissenschaften in Kopenhagen, der
königl. Akademie der Wissenschaften in Amsterdam und der Real
Academia de Ciencias in Madrid in Angelegenheit der kritischen
Herausgabe des Mahâbhârata. Nr. XII, S. 39—40.

— — Zuschrift der königl. preußischen Akademie der Wissenschaften
zu Berlin bezüglich ihrer Teilnahme an der Herausgabe des Mahâbhârata und Designierung ihres o. M. Prof. Dr. Fischel in die
Überwachungskommission. Nr. XIII, S. 68.

— — Zuschriften der Académie Royale des Sciences, des Lettres et des
Beaux-Arts de Belgique in Brüssel und der königl. sächsischen Gesellschaft der Wissenschaften in Leipzig bezüglich der Teilnahme an
der Herausgabe des Mahâbhârata. Nr. XIV, S. 70.

— — Zuschriften der Académie des inscriptions et belles-lettres in
Paris, der königl. Gesellschaft der Wissenschaften in Göttingen, der
königl. preußischen Akademie der Wissenschaften zu Berlin, der Académie Royale des Sciences, des Lettres et des Beaux-Arts de Belgique
in Brüssel und der Real Accademia dei Lincei in Rom betreffs
Teilname an der Nürnberger Mahâbhârata-Konferenz. Nr. XVI, S. 78.

— — Bericht des w. M. Herrn Prof. Dr. L. von Schroeder über die
Nürnberger Mahâbhârata-Konferenz. Nr. XVI, S. 78.

— — Antrag der Académie Royale in Brüssel betreffs Registrierung
der fremdsprachlichen Manuskripte, Unika, Kartenwerke, Stadtpläne,
Gemälde, Porträts etc. Nr. XV, S. 73.

— — Zuschriften der königl. schwedischen Akademie der Wissenschaften
zu Stockholm, der königl. Gesellschaft der Wissenschaften zu Göttingen
und der National Academy of Sciences zu Cambridge (Mass.) bezüglich Herausgabe des Mahâbhârata. Nr. XIX, S. 104—105.

J.

Jacobi, H., königl. Landbauinspektor: ‚Führer durch das Römerkastell
Saalburg bei Homburg von der Höhe. Homburg 1905.‘ Nr. XX, S. 107.

Jagić, Dr. Vatroslav, Hofrat und Professor der slawischen Philologie an der
k. k. Universität in Wien, w. M.: Vorlage der Abhandlung: ‚Die Miniaturen des serbischen Psalters der königl. Hof- und Staatsbibliothek
in München (nach einer Belgrader Kopie ergänzt und im Zusammenhange mit der syrischen Bilderredaktion des Psalters untersucht) von
Hofrat Prof. Dr. Jos. Strzygowski‘. Nr. IV, S. 12.

Vorlage des neu erschienenen VI. Heftes der „Schriften der Balkankommission. Linguistische Abteilung‘, enthaltend: ‚Der heutige lesbische Dialekt verglichen mit den übrigen nordgriechischen Mund-

arten von Paul Kretschmer. Mit einer Karte. Wien 1905'. Nr. XXI,
S. 111.

Jahn, Dr. Alfred, Gymnasiallehrer in Wien: Vorlage der Abhandlung:
,Somalitexte, gesammelt und übersetzt'. Nr. XIX, S. 103.

Jaksch, Dr. August von, Landesarchivar in Kärnten: Vorlage der Pflichtexemplare des von der kaiserl. Akademie subventionierten Werkes:
,Die Kärntner Geschichtsquellen. IV. Band: 1202—1269; I. Teil:
1202—1262. Klagenfurt 1906.' Nr. XXVII, S. 127.

Jonghe, B. de: ,Les monnaies de Guillaume de Bronckhorst Baron de
Gronsveld (1559—1563) par le Vᵗᵉ — —. Bruxelles 1905.' Nr. XXI,
S. 109.

Junk, Dr. Viktor, zweiter Aktuar der kaiserl. Akademie der Wissenschaften
in Wien: Spende des Werkes: ,Rudolfs von Ems Willelhalm von
Orlens, herausgegeben aus dem Wasserburger Kodex der fürstlich
Fürstenbergischen Hofbibliothek zu Donaueschingen. Mit drei Tafeln
in Lichtdruck. Berlin 1905 (deutsche Texte des Mittelalters, herausgegeben von der königl. preußischen Akademie der Wissenschaften,
Band II).' Nr. XVII, S. 79.

K.

Kaindl, Dr. Raimund Friedrich, Professor an der k. k. Universität in Czerno-
witz: ,Geschichte der Bukowina von den ältesten Zeiten bis zur
Gegenwart unter besonderer Berücksichtigung der Kulturverhältnisse.
Czernowitz 1904.' Nr. VII, S. 25.

— ,Die Volkskunde. Ihre Bedeutung, ihre Ziele und ihre Methode mit
besonderer Berücksichtigung ihres Verhältnisses zu den historischen
Wissenschaften. Ein Leitfaden zur Einführung in die Volksforschung.
Leipzig und Wien 1903.' Nr. VII, S. 25.

— Vorlage der Abhandlung: ,Beiträge zur Geschichte des deutschen
Rechtes in Galizien I und II' für das Archiv für österr. Geschichte.
Nr. VII, S. 26.

Kalousek, Josef: XXII. Teil des ,Archiv Český', herausgegeben von — —,
Prag 1905. Nr. XXIV, S. 119.

Kameniček, Franz: ,Zemské sněmy a sjezdy Moravské. Brünn 1905.'
Nr. XV, S. 71.

Karabacek, Dr. Josef Ritter von, Hofrat und Professor an der k. k. Universität in Wien, w. M. und Sekretär der kaiserl. Akademie, Direktor
der k. k. Hofbibliothek: Designierung desselben als Vertreter der Akademie bei der zu Ostern 1905 in Algier stattfindenden XIV. Session
des internationalen Orientalistenkongresses. Nr. VIII, S. 29.

— übermittelt im Namen des k. M. Prof. M. J. de Goeje in Leiden den
Dank des zur Herausgabe einer Realenzyklopädie des Islâm eingesetzten Exekutivkomitees für die Bewilligung eines auf drei Jahre
bewilligten Beitrages von jährlichen 2500 Kronen. Nr. XI, S. 36.

Kartell der Akademien und gelehrten Gesellschaften zu Göttingen, Leipzig,
München und Wien: Mitteilung der königl. sächsischen Gesellschaft

der Wissenschaften zu Leipzig, daß sie die Geschäfte des Kartells pro
1905 übernommen hat, und Vorschlag bezüglich des Versammlungs-
termines für den 9. oder 16. Juni 1905. Nr. VIII, S. 29.

Kartellverband, deutscher: Einladung der königl. Gesellschaft der Wissenschaften zu Leipzig zu der am Freitag den 9. Juni l. J. in Leipzig
stattfindenden Versammlung des Kartells. Nr. XIII, S. 67.

Kelle, Dr. Johann von, Hofrat und Professor an der k. k. Universität in
Prag i. R., w. M.: Übersendung einer für die Sitzungsberichte bestimmten Abhandlung unter dem Titel: ,Untersuchungen über den
nicht nachweisbaren Honorius Augustodunensis ecclesiae presbiter et
scholasticus und die ihm zugeschriebenen Werke.' Nr. XVI, S. 76.

Kenner, Dr. Friedrich, Hofrat und emer. Direktor der Münz- und Antiken-
sammlungen des Allerh. Kaiserhauses, w. M.: Vorlage eines vorläufigen Berichtes des Leiters der Ausgrabungen der Limeskommission,
Obersten Groller von Mildensee, über die im Jahre 1904 ausgeführten
Grabungen dieser Kommission. Nr. V, S. 17.

Kielhorn, Prof. Dr., in Göttingen: Delegation desselben zu der Nürnberger
Mahâbhârata-Konferenz als Vertreter der königl. Gesellschaft der
Wissenschaften zu Göttingen. Nr. XVI, S. 78.

Kirchenväter-Kommission: Vorlage des Manuskriptes von Prof. Dr.
H. Schenkl: ,Bibliotheca patrum latinorum Britannica' für die
Sitzungsberichte durch den Obmann dieser Kommission. Nr. I, S. 3.

Kleinasiatische Kommission: Bericht des Sekretärs des k. k. österr. archäologischen Institutes, Herrn Professor Dr. Rudolf Heberdey, über
die ephesischen Grabungen des Jahres 1904. Vorgelegt vom Obmann
dieser Kommission. Nr. XVII, S. 81.

Koelliker, Dr. Albert v., Exzellenz, königl. bayrischer geheimer Rat und
Professor an der Universität in Würzburg, E.-M.: Mitteilung von dem
am 2. November erfolgten Ableben. Nr. XXII, S. 113.

Körösy, Dr. Josef v., Direktor des statistischen Bureaus der Haupt- und
Residenzstadt in Budapest: Statistisches Jahrbuch der Haupt- und
Residenzstadt Budapest. VI. Jahrgang 1903. Redigiert von Professor
Dr. Gustav Thirring. Budapest 1905. Nr. XXVII, S. 127.

— Die Sterblichkeit der Haupt- und Residenzstadt Budapest in den
Jahren 1901—1905 und deren Ursachen. Von — —. II. (tabellarischer)
Teil, 3. Heft: 1903. Berlin 1905. Nr. XXVII, S. 127.

— Die Hauptstadt Budapest im Jahre 1901. Resultate der Volkszählung
und Volksbeschreibung. Von — — und Professor Dr. Gustav Thirring.
II. Bd. Berlin 1905. Nr. XXVII, S. 127.

Kommission zur Herausgabe der Bibliothekskataloge des Mittelalters:
Berufung des w. M. Professor E. v. Ottenthal in dieselbe. Nr. XX,
S. 108.

— für die Herausgabe eines Thesaurus linguae latinae: Vorlage des
neu erschienenen VIII. Faszikels des I. Vol. des Thesaurus linguae
latinae. Leipzig 1905. Nr. XIII, S. 67.

— Vorlage des IX. (letzten) Faszikels des I. Bandes, Leipzig 1905,
bei B. G. Teubner. Nr. XXI, S. 109.

Kommission zur Herausgabe eines Thesaurus linguae latinae: Bericht über die Münchener Konferenz (12. und 13. Juni 1905). Nr. XX, S. 108.

Kongreß, internationaler archäologischer, zu Athen, Februar 1905: Mitteilung des k. k. Ministeriums für Kultus und Unterricht bezüglich des letzten Meldetermines zur Teilnahme an diesem Kongresse und Übermittlung des Programmes. Nr. II, S. 5.

— — Nähere Mitteilungen betreffs der von diesem Kongresse geplanten zwei Reiserouten. Nr. IV, S. 11..

— Orientalisten- —, internationaler, XIV. Session desselben zu Algier, Ostern 1905: Designierung der ww. MM. Herren Hofrat D. H. Müller und J. Ritter v. Karabacek als Vertreter der kaiserl. Akademie. Nr. VIII, S. 29.

— — Dankschreiben des Präsidenten des Organisationskomitees, Mr. René Basset in Mustapha, für die Entsendung von Vertretern der kaiserl. Akademie. Nr. XI, S. 36.

— — Codex 689 du Vatican. Histoire de la conversion des Géorgiens au christianisme par le patriarche Macaire d'Antioche. Traduction de l'Arabe par Mme. Olga de Lébédow, offert aux membres du XIVe Congrés international des orientalistes. Roma 1905. Nr. XVIII, S. 100.

Kopenhagen, königl. dänische Gesellschaft der Wissenschaften: Zuschrift, daß dieselbe bedauert, sich nicht an der kritischen Herausgabe des Mahâbhârata durch die internationale Assoziation der Akademien beteiligen zu können. Nr. XII, S. 40.

Krahuletz-Museum in Eggenburg: ‚Katalog des städtischen — —. Verlag der Krahuletz-Gesellschaft in Eggenburg, o. J.‘ Nr. XXIII, S. 115.

Krall, Dr. Jakob, Professor an der k. k. Universität in Wien, k. M.: Mitteilung von seinem am 27. April 1905 erfolgten Ableben. Nr. XII, S. 39.

— Dankschreiben der Frau Emma Krall für die anläßlich des Ablebens ihres Gatten, des k. M. Herrn Professors Dr. Jakob Krall bewiesene Teilnahme. Nr. XIV, S. 69.

Kretschmer, Dr. Paul, Professor an der k. k. Universität in Wien, k. M.: ‚Der heutige lesbische Dialekt verglichen mit den übrigen nordgriechischen-Mundarten von — —. Mit einer Karte. Wien 1905‘. VI. Heft der ‚Schriften der Balkankommission. Linguistische Abteilung‘. Nr. XXI, S. 111.

Krofta, Camilli: ‚Monumenta Vaticana res gestas Bohemicas illustrantia sumptibus comitiorum regni Bohemiae ediderunt ad recensendos historiae Bohemicae fontes delegati. Tomus V. Acta Urbani VI. et Bonifatii IX. 1378—1404. Pars II (1397—1404). Opera — —. Pragae 1905.‘ Nr. XXII, S. 113.

Kuhn, Dr. Ernst, Professor des Sanskrit an der Universität in München, k. M.: Vorlage der beiden Druckschriften ‚Nachrichten über die Familie Kuhn 1549—1889‘ und ‚Nachrichten über die Familie Kuhn. Biographisch-Literarisches usw. bis 1903‘. Nr. IV, S. 12.

— — Von der königl. bayrischen Akademie der Wissenschaften zu München zu' der bevorstehenden Nürnberger Mahâbhârata-Konferenz delegiert. Nr. XV, S. 73.

Kurator der kaiserl. Akademie der Wissenschaften: Zuschrift des Sekretariats Sr. kaiserl. und königl. Hoheit des durchlauchtigsten Herrn Erzherzog-Kurators, worin derselbe der kaiserl. Akademie der Wissenschaften Höchstsein tiefes Beileid zu dem Verluste des w. M. Mussafia
bekanntgibt. Nr. XVI, S. 75.

Kuratorium der kaiserl. Akademie der Wissenschaften: Zuschrift, wonach
Se. k. und k. Hoheit der durchlauchtigste Herr Erzherzog-Kurator die
Wahl des Präsidenten der Akademie, Prof. E. Sueß, zum Vorsitzenden
und des Vizepräsidenten, Sr. Exzellenz W. v. Hartel, zum Vorsitzenden-
Stellvertreter des Ausschusses der internationalen Assoziation der Aka-
demien mit Dank zur höchsten Kenntnis zu nehmen geruht habe.
Nr. I, S. 1.

— — Zuschrift vom 7. September 1905 betreffend die allerhöchste Bestätigung, beziehungsweise Genehmigung der akademischen Neuwahlen
des Jahres 1905. Nr. XIX, S. 101.

— — Zuschrift, daß Se. k. und k. Hoheit der durchlauchtigste Herr Erzherzog-Kurator mit höchster Entschließung vom 4. Dezember l. J. den
Vorschlag des Präsidiums der kaiserl. Akademie, betreffend die Anberaumung der nächstjährigen feierlichen Sitzung auf Dienstag den
29. Mai 1906, um 7 Uhr abends, zu genehmigen geruht habe. Nr. XXV,
S. 121.

— der Savigny-Stiftung in Berlin: Mitteilung, daß die Zinsenrate, welche
der kaiserl. Akademie für die Zwecke dieser Stiftung pro 1905 zur
Verfügung gestellt wird, 5000 Mark betrage. Nr. VII, S. 25.

— der Schwestern Fröhlich-Stiftung zur Unterstützung bedürftiger hervorragender schaffender Talente auf dem Gebiete der Kunst, Literatur
und Wissenschaft: Kundmachung über die Verleihung von Stipendien
und Pensionen aus dieser Stiftung. Nr. III, S. 9.

L.

Landesausschuß des Königreiches Böhmen in Prag: Codex diplomaticus
et epistolaris Regni Bohemiae. Sumptibus Comitiorum Regni Bohemiae
edidit Gustavus Friedrich. Pragae MDCCCCIV. Nr. V, S. 22.

Landesschulrat, k. k. galizischer in Lemberg: Jahresbericht über den Zustand der dortigen Mittel-, Staatsgewerbe-, Handels- und Volksschulen
sowie der Bildungsanstalten für Lehrer und Lehrerinnen pro 1903/4,
letzterer auch in deutscher Sprache. Nr. XXIV, S. 119.

Langer, Dr. Eduard, in Braunau i. B.: ‚Deutsche Volkskunde aus dem östlichen Böhmen 1904. IV. Band, Heft 3. Braunau i. B. 1904.‘ Nr. VII,
S. 25.

— ‚Deutsche Volkskunde aus dem östlichen Böhmen 1905. IV. Band,
4. Heft‘. Nr. XIV, S. 69.

— ‚Deutsche Volkskunde aus dem östlichen Böhmen 1905. V. Band,
1. und 2. Heft.‘ Nr. XX, S. 107.

Laszowski, Emilij: ‚Monumenta historica nobilis communitatis Turopolje.
Vol. I, Ann. 1225—1466 (enthaltend: Povjesni Spomenici plem. opčine

Turopolja, sabrao i troškom iste općine izdao — —. Svezak I.) U Zagrebu 1904', übersendet vom Comes der Adelsgemeinde Turopolje.
Nr. IX, S. 31.

Laufer, Dr. Berthold: Bericht über seine Reisen in Hochasien und seinen
Aufenthalt in Peking. Nr. II, S. 5.

Lazarewsches Institut für orientalische Sprachen in Moskau: Übermittlung
der Modalitäten für die beiden Preisausschreibungen: 1. Geschichte
der armenischen Kolonisation in Verbindung mit einer historischen
Übersicht über die einzelnen Kolonien vom Ausgange der armenischen
Arsaciden an bis auf unsere Zeit und 2. Politische und kulturelle
Wechselbeziehungen der Armenier und Georgier von den ältesten
Zeiten an bis zur Vereinigung Georgiens mit Rußland. Nr. XVII, S. 79.

Lébédew, Mme. Olga de: ‚Codex 689 du Vatican. Histoire de la conversion des Géorgiens au christianisme par le patriarche Macaire d'Antioche. Traduction de l'Arabe, offerte aux membres du XIVme congrès
international des orientalistes. Roma 1905'. Nr. XVIII, S. 100.

Lechner, Dr. Johann, Privatdozent in Wien: Subvention zu einer Studienreise nach reichsdeutschen Archiven zur Ergänzung der Materialien
für eine Geschichte der obersten Gerichtbarkeit des deutschen Reiches
im 15. Jahrhundert im Betrage von 600 Kronen. Nr. XIX, S. 105.

Leipzig, königl. Gesellschaft der Wissenschaften: Mitteilung, daß sie die
Geschäfte des Kartells pro 1905 übernommen hat und als Versammlungstermin den 9. oder 16. Juni l. J. vorschlägt. Nr. VIII, S. 29.

— — Einladung zu der Freitag den 9. Juni l. J. in Leipzig stattfindenden Versammlung des Kartells. Nr. XIII, S. 67.

— — Zuschrift, worin sich dieselbe bereit erklärt, an dieser Edition
teilzunehmen, und zwar unter Bewilligung eines jährlichen Kostenbeitrages von 500 Mark, zunächst auf drei Jahre. Nr. XIV, S. 70.

— — Mitteilung von der Entsendung des Herrn Geheimrates Professor
Dr. E. Windisch als ihres Vertreters in der Kommission für das Mahâbhârata. Nr. XV, S. 73.

Lemberg, Rektorat der k. k. Universität und Direktion der k. k. Universitätsbibliothek: Mitteilung von der am 22. Mai l. J. erfolgten feierlichen
Eröffnung des neuen Bibliotheksgebäudes. Nr. XIV, S. 70.

— C. k. Rada szkolna krajowa o stanie wychowania publicznego w roku
szkolnym 1903/4. Nr. XXI, S. 109.

— k. k. galizischer Landesschulrat: Jahresbericht .über den Zustand der
dortigen Mittel-, Staatsgewerbe-, Handels- und Volksschulen sowie der
Bildungsanstalten für Lehrer und Lehrerinnen pro 1903/4, letzterer
auch in deutscher Sprache. Nr. XXIV, S. 119.

Lepesqueur, Parfait-Charles: ‚La France et le Siam. Communication faite
à la Société dans la Séance du 31 Octobre 1897 par — —. Paris-
Rouen 1897'. Nr. XIII, S. 67.

Levi, Ugo: I Monumenti del dialetto di Lor Mazor. Venezia 1904. Nr. VII, S. 25.

Levinson, Dr. Artur, in Berlin: Vorlage der Abhandlung ‚Die Nuntiaturberichte des Petrus Vidoni über den ersten nordischen Krieg aus den
Jahren 1656—1658.' Nr. III, S. 10.

Limeskommission, akademische: Vorläufiger Bericht des Leiters der Ausgrabungen dieser Kommission, Herrn Maximilian Groller v. Mildensee,
k. und k. Obersten, über die im Jahre 1904 ausgeführten Grabungen.
Nr. V, S. 17.

Lindner, P. Pirmin, Bibliothekar des Stiftes St. Peter in Salzburg: Subvention zu den Druckkosten seines Werkes ‚Monasticon metropolis
Salisburgensis antiquae‘ 2000 Kronen. Nr. XIX, S. 105.

Littlejohn, David: ‚Records of the Sheriff Court of Aberdeenshire. Vol. I.
Records prior to 1600. (Aberdeen University Studies: Nr. 11), Aberdeen 1904.‘ Nr. XVIII, S. 100.

Loebl, Dr. Alfred H., Professor an der k. k. Staatsrealschule im XVI. Bezirke in Wien: Vorlage der Abhandlung: ‚Eine außerordentliche,
freie, eilende, willkürliche und „mitleidenliche“ Reichshilfe und ihre
Ergebnisse in reichstagsloser Zeit in den Jahren 1592/3.‘ Nr. XXI,
S. 110.

London, Royal Society: Bericht über die Verhandlungen der zweiten Vollversammlung der internationalen Assoziation zu London, 25. bis
27. Mai 1904. Nr. I, S. 3.

Lopez de Merkel: ‚I Lopez. Notizie storiche e genealogiche di Giacomo
Licata — —. Girgenti 1905‘, vom Autor eingesendet. Nr. XV, S. 71.

Loserth, Dr. Johann, Professor in Graz, k. M.: Subvention zur Durchforschung von Archiven in Ungarn und Kroatien behufs Herausgabe des
II. Teiles seiner Arbeit: ‚Akten und Korrespondenzen zur Geschichte
der Gegenreformation in Innerösterreich unter Ferdinand II.‘ 700 Kronen.
Nr. XV, S. 74.

Ludwig, Ernst, Attaché der k. und k. Gesandtschaft in Peking, k. und k.
Vizekonsul: ‚The Visit of the Teshoo Lama to Peking. Chien Lung’s
Inscription. 1904‘ mit der Widmung für die Bibliothek der kaiserl.
Akademie der Wissenschaften, vorgelegt durch das w. M. Se. Exzellenz
v. Inama-Sternegg. Nr. VI, S. 24.

Lüders, Professor Dr., in Rostock: Mitteilung von seiner Subventionierung
vonseiten der königl. Gesellschaft der Wissenschaften zu Göttingen
für Untersuchungen über die Mahâbhârata-Handschriften. Nr. XIX,
S. 104.

Lueger, Dr. Karl, Bürgermeister der Reichshaupt- und Residenzstadt Wien:
1. Die Gemeindeverwaltung der k. k. Reichshaupt- und Residenzstadt
Wien im Jahre 1903. Bericht des Bürgermeisters Dr. Karl Lueger.
Wien 1905. 2. Statistisches Jahrbuch der Stadt Wien für das Jahr
1903. XXI. Jahrgang. Bearbeitet von der Magistratsabteilung XXI
für Statistik. Wien 1905. Nr. XXVI, S. 125.

Lüttich, Komitee für die Weltausstellung: Einladung zu dem III. Congrès
international de l'art public am 15. bis 21. September 1905. Nr. XIX,
S. 105.

M.

Madras, Government: ‚A Descriptive Catalogue of the Sanskrit Manuscripts
of the Government Oriental Manuscripts Library, Madras. By the

late M. Seshagiri-Sastri, M.-A., and M. Rangacharya, M.-A., Rao Bahadur. Prepared under the orders of the Government of Madras.
Vol. I. Vedic Literatur. Second part. Madras 1904'. Nr. XVIII, S. 99.

Madrid, Real Academia de Ciencias: Zuschrift, daß sich dieselbe an der
Edition des Mahâbhârata durch die internationale Assoziation mit
Rücksicht darauf, daß sie lediglich für die Naturwissenschaften be-
stimmt ist, nicht beteiligen kann. Nr. XII, S. 40.

Mahâbhârata, Plan der· Herausgabe desselben durch die internationale
Assoziation der Akademien: Mitteilungen und Vorschläge der königl.
Gesellschaft der Wissenschaften zu Göttingen. Nr. X, S. 33.

— Zuschrift der kaiserl. Akademie der Wissenschaften in St. Petersburg,
welche hierzu einen jährlichen Beitrag von 500 Mark auf sechs Jahre
bewilligt und Herrn S. d'Oldenburg zu ihrem Vertreter bei der geplanten Nürnberger Konferenz designiert hat. Nr. XII, S. 39.

— Zuschrift der Académie des inscriptions et belles-lettres in Paris,
welche zu dem genannten Zwecke einen Beitrag von 2000 Franken,
zahlbar ab 1905 in vier jährlichen Raten à 500 Franken, zu bewilligen beschlossen hat. Nr. XII, S. 40.

— Zuschrift der königl. dänischen Gesellschaft der Wissenschaften in
Kopenhagen, welche bedauert, sich nicht an dem Unternehmen beteiligen zu können. Nr. XII, S. 40.

— Zuschrift der königl. Akademie der Wissenschaften zu Amsterdam,
welche zu demselben Zwecke einen Betrag von 1200 Kronen, und
zwar 100 Kronen jährlich für die Dauer von zwölf Jahren, bewilligt
und ihr Mitglied, Herrn Professor Dr. J. S. Speijer an der Universität
Leiden, als ihren Vertreter in der Überwachungskommission nominiert
hat. Nr. XII, S. 40.

— Zuschrift der Real Academia de Ciencias in Madrid, welche sich an
der Edition mit Rücksicht darauf, daß sie lediglich den Naturwissenschaften gewidmet ist, nicht beteiligen kann. Nr. XII, S. 40.

— Zuschrift der königl. preußischen Akademie der Wissenschaften zu
Berlin, worin dieselbe ihre Geneigtheit erklärt, sich an der Herausgabe des Mahâbhârata durch die internationale Assoziation der Akademien zu beteiligen. Als ihren Vertreter in die Überwachungskommission designiert dieselbe ihr ordentliches Mitglied Herrn Professor
Dr. Fischel. Nr. XIII, S. 68.

— Zuschrift der Académie Royale des Sciences, des Lettres et des Beaux-
Arts de Belgique in Brüssel, welche bedauert, sich an der durch die
internationale Assoziation der Akademien geplanten Herausgabe des
Mahâbhârata nicht beteiligen zu können. Nr. XIV, S. 70.

— Zuschrift der königl. sächsischen Gesellschaft der Wissenschaften zu
Leipzig, welche sich bereit erklärt, an dieser Edition teilzunehmen,
und zwar unter Bewilligung eines jährlichen Kostenbeitrages von
500 Mark, zunächst auf drei Jahre. Nr. XIV, S. 70.

— Mündlicher Bericht des w. M. Prof. v. Schroeder über die am 16. d. M.
zu Nürnberg abgehaltene Konferenz. Nr. XVI, S. 78.

— Zuschrift der Real Accademia dei Lincei in Rom, welche sich an dieser Ausgabe mit einem jährlichen Kostenbeitrage von 200 Lire, und zwar auf die Dauer von fünf Jahren, zu beteiligen bereit erklärt. Nr. XV, S. 73.

Mahâbhârata, Plan der Herausgabe desselben durch die internationale Assoziation der Akademien: Zuschrift der königl. sächsischen Gesellschaft der Wissenschaften zu Leipzig, welche in Ergänzung ihrer früheren Mitteilung Herrn Geheimrat Professor Dr. E. Windisch als ihren Vertreter in der Kommission bezeichnet. Nr. XV, S. 73.

— Zuschrift der königl. bayrischen Akademie der Wissenschaften zu München, welche zu der bevorstehenden Nürnberger Konferenz Herrn Professor Dr. E. Kuhn delegiert. Nr. XV, S. 73.

— Zuschrift der königl. niederländischen Akademie der Wissenschaften zu Amsterdam, welche zu dieser Konferenz Herrn Professor Dr. J. S. Speijer als ihren Vertreter entsendet. Nr. XV, S. 74.

— Zuschrift der Académie des inscriptions et belles-lettres in Paris, welche zu der Nürnberger Konferenz Herrn Sénart entsendet. Nr. XVI, S. 78.

— Zuschrift der königl. Gesellschaft der Wissenschaften zu Göttingen, welche hierzu Herrn geheimen Regierungsrat Professor Dr. Kielhorn delegiert hat. Nr. XVI, S. 78.

— Zuschrift der königl. preußischen Akademie der Wissenschaften zu Berlin, deren Vertreter bei dieser Konferenz Herr geheimer Regierungsrat Professor Dr. Pischel ist. Nr. XVI, S. 78.

— Zuschrift der Académie Royale des Sciences, des Lettres et des Beaux-Arts de Belgique in Brüssel und der Real Accademia dei Lincei in Rom, welche bedauern, keinen Delegierten zu dieser Konferenz entsenden zu können. Nr. XVI, S. 78.

— Bericht des w. M. Herrn Professors v. Schröder über die am 16. d. M. zu Nürnberg abgehaltene Konferenz. Nr. XVI, S. 78.

— Zuschrift der königl. schwedischen Akademie der Wissenschaften in Stockholm, welche unter Hinweis auf ihre Bestimmung für die Naturwissenschaften und Mathematik auf die Teilnahme an jener Edition verzichten zu müssen erklärt. Nr. XIX, S. 104.

— Zuschrift der königl. Gesellschaft der Wissenschaften zu Göttingen, welche mitteilt, daß sie entsprechend den Verhandlungen auf der Nürnberger Mahâbhârata-Konferenz Herrn Professor Dr. Lüders in Rostock für die Fortführung seiner Untersuchungen über die Mahâbhârata-Handschriften ein Reisestipendium von 1000 Mark bewilligt habe. Nr. XIX, S. 104.

Zuschrift der National Academy of Sciences in Cambridge (Mass.), welche gleichfalls unter Hinweis auf ihre rein naturwissenschaftliche Bestimmung ihre Teilnahme ablehnen zu müssen erklärt. Nr. XIX, S. 105.

Marenzi, Franz Graf: ‚Der energetische Mutualismus. Philosophische Aphorismen. (S.-A. aus dem Archiv für systematische Philosophie, XI. Bd., 1. Heft, 1905)‘. Nr. XV, S. 71.

Melk, Bibliothek des Benediktinerstiftes: ‚Dankschreiben für die geschenkweise Überlassung des Werkes ‚Monumenta conciliorum generalium

saec. XV. Concilium Basileense scriptor. t. III, pars III'. Nr. XXIII,
S. 115.

Menger, Dr. Karl, Hofrat und Professor an der k. k. Universität Wien,
w. M.: Vom Vorsitzenden als neugewähltes wirkliches Mitglied begrüßt. Nr. VI, S. 23.

Merkel, Giacomo Licata Lopez de: ,I Lopez. Notizie storiche e genealogiche. Girgenti 1905'. Nr. XV, S. 71.

Meux, Lady, in London: The Book of Paradise etc. by Palladins, Hieronymus and others, edited by E. A. Wallis Budge. London 1904. 2 Bde.
Nr. XI, S. 35.

Mexico, Sociedad Mexicana de Geografia y Estadistica: Einladung zu der
am 20. Mai 1906 stattfindenden Feier der 400. Wiederkehr des Todestages von Christoph Columbus. Nr. XX, S. 108.

Meyer-Lübke, Dr. Wilhelm, Professor an der k. k. Universität in Wien,
k. M.: Vorlage der Abhandlung von Josef Stalzer in Graz: ,Die
Reichenauer Glossen der Handschrift Karlsruhe 115' für die Sitzungsberichte. Nr. XXV, S. 121.

— Von der philosophisch-historischen Klasse nach dem verstorbenen
w. M. Hofrat Mussafia in den Vorstand der Diez-Stiftung delegiert.
Nr. XVIII, S. 100.

Michel, Joh. Jak.: ,Die Bockreiter von Herzogenrath und Valkenburg
(1734—1756 und 1762—1776). Nach den Quellen und Gerichtsakten
geschildert. 2. Auflage. Aachen 1905'. Nr. XXIII, S. 115.

Michelson-Preis: Preisausschreibung für denselben pro 1904/05, übersendet von der Sektion für russische Sprache und Literatur der
kaiserl. Akademie der Wissenschaften zu St. Petersburg. Nr. III, S. 9.

Ministerium für Kultus und Unterricht: Mitteilung bezüglich des letzten
Meldetermines zur Teilnahme an dem internationalen archäologischen
Kongresse zu Athen, Februar 1905, und Übersendung des Programmes.
Nr. II, S. 5.

— Nähere Mitteilungen bezüglich der von dem internationalen archäologischen Kongresse geplanten zwei Reiserouten. Nr. IV, S. 11.

Minor, Dr. Jakob, Hofrat und Professor an der k. k. Universität in Wien,
w. M.: Vom Vorsitzenden als neugewähltes wirkliches Mitglied be-
willkommnet. Nr. XIX, S. 101.

— Allerhöchste Bestätigung seiner Wahl zum wirklichen Mitgliede der
Klasse. Nr. XIX, S. 101.

Missouri World's Fair Commission: The State of Missouri. An Autobiography by Walter Williams. 1904. Nr. VI, S. 23.

Modestov, Basilio, Professor: ,In che stadio si trovi oggi la questione
Etrusca. Communicazione del prof. — —. Roma 1905'. Nr. XIV, S. 69.

Mons, Congrès international d'expansion économique mondiale: Einladung
an die kaiserl. Akademie zur Teilnahme an dem im September l. J. zu
Mons in Belgien tagenden Kongresse. Nr. XVII, S. 80.

Moskau, Direktion des Lazarewschen Institutes für orientalische Sprachen:
Modalitäten der Ausschreibung zweier Preise à 1000 Rubel für die
beiden Themata: 1. Geschichte der armenischen Kolonisation in Ver-

bindung mit einer historischen Übersicht über die einzelnen Kolonien vom Ausgange der armenischen Arsaciden an bis auf unsere Zeit, und 2. Politische und kulturelle Wechselbeziehungen der Armenier und Georgier von den ältesten Zeiten an bis zur Vereinigung Georgiens mit Rußland. Nr. XVII, S. 79.

Müller: Vorlage der Abhandlung des Herrn Privatdozenten Dr. N. Rhodokanakis ‚Die äthiopischen Handschriften der k. k. Hofbibliothek‘ für die Schriften der kaiserl. Akademie. Nr. VI, S. 24.

— Designierung als Vertreter der kaiserl. Akademie bei der zu Ostern 1905 in Algier stattfindenden XIV. Session des internationalen Orientalistenkongresses. Nr. VIII, S. 29.

— Vorlage des VI. Bandes der Schriften der Südarabischen Expedition, enthaltend ‚Die Mehri- und Soqotrisprache II. Wien 1905‘. Nr. X, S. 34.

München, königl. bayrische Akademie der Wissenschaften: Zuschrift, daß sie zu der bevorstehenden Nürnberger Mahâbhârata-Konferenz Herrn Professor Dr. E. Kuhn delegiert. Nr. XV, S. 73.

— ‚Sechsundvierzigste Plenarversammlung der Historischen Kommission bei der königl. bayrischen Akademie der Wissenschaften. Bericht des Sekretariats (Juli 1905).‘ Nr. XXIII, S. 116.

— Direktion des allgemeinen bayrischen Reichsarchivs: ‚Archivalische Zeitschrift, herausgegeben durch das bayrische allgemeine Reichsarchiv in München. Neue Folge XII. Band. München 1905‘. Nr. XX, S. 107.

Murray, Dr. James A. H., Mitglied der British Academy in Oxford, k. M.: Allerhöchste Bestätigung seiner Wahl zum korrespondierenden Mitgliede. Nr. XIX, S. 102.

— Dankschreiben für seine Wahl zum korrespondierenden Mitgliede der kaiserl. Akademie. Nr. XXII, S. 113.

Musil, Dr. Alois, Professor an der k. k. theologischen Fakultät in Olmütz: Vorlage der letzten für das ʿAmrawerk der nordarabischen Kommission bestimmten Abhandlung, betitelt: ‚Topographie und Geschichte der Gebiete von ʿAmra bis zum Ausgange der Omajjâden‘, im Manuskripte. Nr. XII, S. 40.

— Dankschreiben für die ihm zur Vervielfältigung seiner Karte von Nordarabien durch das k. k. militär-geographische Institut in Wien bewilligte Subvention. Nr. XVIII, S. 100.

— Subvention von 3000 Kronen zum Zwecke der Vervielfältigung seiner Karte von Nordarabien durch das k. k. militär-geographische Institut in Wien. Nr. XIX, S. 106.

Mussafia, Dr. Adolf, Hofrat und Professor an der k. k. Universität in Wien, w. M.: Mitteilung von dem am 7. Juni 1905 zu Florenz erfolgten Ableben desselben. Nr. XV, S. 71.

— Zuschrift des Sekretariats Sr. kaiserl. und königl. Hoheit des durchlauchtigsten Herrn Erzherzog-Kurators, worin derselbe der kaiserl. Akademie der Wissenschaften Höchstsein tiefstes Beileid zu diesem Todesfalle bekanntgibt. Nr. XVI, S. 75.

Brief des korrespondierenden Mitgliedes im Auslande, Herrn Senators Professors Dr. Domenico Comparetti in Florenz, welcher namens der kaiserl. Akademie einen Lorbeerkranz am Sarge Adolf Mussafias niedergelegt hat. Nr. XVI, S. 75.

N.

National Academy of Sciences in Cambridge (Mass.): Ablehnung der Teilnahme an der Edition des Mahâbhârata. Nr. XIX, S. 104.

Nobel-Komitee der schwedischen Akademie zu Stockholm: Zuschrift des Präsidenten Herrn C. D. af Wirsén: Statuten sowie Zirkulare betreffs der nächsten Zuerkennung des literarischen Preises dieser Stiftung. Nr. XXIII, S. 116.

— — Zuschrift der k. k. niederösterr. Statthalterei betreffs der Modalitäten der Bewerbung um den Friedenspreis dieser Stiftung für das Jahr 1905. Nr. I, S. 1.

Nordarabische Kommission: Vorlage der letzten für das 'Amrawerk bestimmten Abhandlung des Prof. Musil, betitelt: ,Topographie und Geschichte der Gebiete von 'Amra bis zum Ausgange der Omajjâden'. Nr. XII, S. 40.

Nostitz, Graf: ,Verzeichnis der gräflich Nostitzschen Gemäldegalerie zu Prag von Paul Bergner. Prag 1905'. Nr. XXIII, S. 115.

Novaesium. Das im Auftrage des rheinischen Provinzialverbandes vom Bonner Provinzialmuseum 1887—1890 ausgegrabene Legionslager. Textband und Tafelband. Bonn 1904. Nr. VI, S. 24.

Nürnberger Konferenz der Kommission für die kritische Edition des Mahâbhârata durch die internationale Assoziation der Akademien s. dort.

O.

Oberlandesgericht, k. k., in Wien: Einsendung der bei den Gerichten des Wiener Oberlandesgerichtssprengels mit Ausnahme der Gerichte in Wien vorhandenen Urbare und ähnlichen Register durch das Präsidium. Nr. III, S. 9.

Österreichische Volkszeitung in Wien: Übersendung eines Exemplars der zur Feier ihres 50jährigen Bestandes herausgegebenen Festnummer durch die Redaktion. Nr. XI, S. 35.

Oldenburg, S. d', in St. Petersburg: Delegierung desselben seitens der kaiserl. Akademie der Wissenschaften in St. Petersburg zu der Nürnberger Mahâbhârata-Konferenz. Nr. XII, S. 39.

Oppert, Dr. Julius, Professor in Paris, k. M.: Mitteilung von seinem am 20. August 1905 erfolgten Ableben. Nr. XIX, S. 101.

Orientalistenkongreß, internationaler, XIV. Session desselben zu Algier, Ostern 1905: Designierung der ww. MM. Herren Hofrat D. H. Müller und J. Ritter v. Karabacek als Vertreter der kaiserl. Akademie. Nr. VIII, S. 29.

— Dankschreiben des Präsidenten des Organisationskomitees, Mr. René Basset in Mustapha, für die Entsendung von Vertretern der kaiserl. Akademie. Nr. XI, S. 36.

Orientalistenkongreß, internationaler, XIV. Session desselben zu Algier, Ostern 1905: ‚Codex 689 du Vatican. Histoire de la conversion des Géorgiens au christianisme par le patriarche Macaire d'Antioche. Traduction de l'Arabe par Mme. Olga de Lébédow, offert aux membres du XIVe Congrès international des orientalistes. Roma 1905.' Nr. XVIII, S. 100.

Oskar, König von Schweden: Zuschrift der k. und k. Gesandtschaft in Stockholm, worin der kaiserl. Akademie der Dank Seiner Majestät des Königs — — für die Übersendung des VI. Bandes der südarabischen Expedition übermittelt wird. Nr. XIX, S. 103.

Ottenthal, Dr. Emil v., Professor der Geschichte an der Universität, Vorstand des Instituts für österr. Geschichtsforschung, w. M.: Vertretung des erkrankten Sekretärs der Klasse. Nr. IV, S. 11.

— Delegierung an Stelle des verstorbenen w. M. Hofrates Richard Heinzel in die Kommission zur Herausgabe der Bibliothekskataloge des Mittelalters vom Vorsitzenden. Nr. XX, S. 108.

Overbergh, Herr van, Generalsekretär des Congrès international d'expansion économique mondiale, Generaldirektor für höheren Unterricht im Ministerium der Unterrichts- und öffentlichen Angelegenheiten in Brüssel: Einladung an die kaiserl. Akademie zur Teilnahme an dem genannten, im September l. J. zu Mons in Belgien tagenden Kongresse. Nr. XVII, S. 80.

P.

Padua, Accademia scientifica Veneto-Trentino-Istriana: Übersendung des Werkes: ‚Atti. Nuova serie. I. 1. Padova 1904'. Nr. XV, S. 71.

Paris, Académie des inscriptions et belles-lettres: Zuschrift, daß dieselbe für die kritische Herausgabe des Mahâbhârata einen Beitrag von 2000 Franken, zahlbar ab 1905 in vier jährlichen Raten à 500 Franken, zu bewilligen beschlossen hat. Nr. XII, S. 40.

— — Mitteilung, daß sie zu der Nürnberger Mahâbhârata-Konferenz Herrn Sénart entsendet. Nr. XVI, S. 78.

— Société de Linguistique de Paris: Mitteilung von der erfolgten Verleihung des Bibesco-Preises an Professor Ovide Densusianu in Bukarest für seine Arbeit ‚Histoire de la langue roumaine' und von der Neuausschreibung dieses Preises pro 1907. Nr. VIII, S. 29.

Pellegrini, Dr. C. v., in Zara: Vorlage der Abhandlung, betitelt: ‚Über die Verhältnisse der Contadinen und Colonen im Gebiete der ehemaligen Republik Ragusa' für das Archiv für österr. Geschichte. Nr. XII, S. 40.

Periodischen Druckschriften: Verzeichnis der von Mitte April 1904 bis Mitte April 1905 an die phil.-hist. Klasse der kaiserl. Akademie der Wissenschaften gelangten —. Nr. XII, S. 47.

Petersburg, St., Sektion für russische Sprache und Literatur der kaiserl. Akademie der Wissenschaften: Preisausschreibung für den Michelson-Preis pro 1904/05. Nr. III, S. 9.

Petersburg, St., Kaiserl. Akademie der Wissenschaften: Zuschrift, daß dieselbe für die kritische Herausgabe des Mahâbhârata einen jährlichen
Beitrag von 500 Mark auf sechs Jahre bewilligt und Herrn S.
d'Ol-
denburg zu ihrem Vertreter bei der Nürnberger Konferenz designiert
hat. Nr. XII, S. 39.

— Russisches Komitee der Association internationale pour l'exploration
de l'Asie Centrale et de l'extrême Orient: Zuschrift des Präsidenten,
Herrn W. Radloff, worin er das IV. Bulletin (vom März 1905) übersendet und die Gründung eines österreichischen Lokalkomitees in
Anregung bringt. Nr. XIII, S. 68.

Petzval- und Schrötter-Denkmal: Einladung des Komitees für die am
17. Oktober 1905 auf dem Zentralfriedhofe stattfindende feierliche
Enthüllung desselben. Nr. XIX, S. 105.

Pietro, A. C. de: ‚Del sepolcro originario di San Domnio vescovo e martire
di Salona. Appunti archeologico-agiografici. Trieste 1905.‘ Nr. XX.
S. 107.

Piette, Mr. Édouard, ancien magistrat, président d'honneur de la Société
préhistorique de France, in Rumigny (Ardennes): Gravure du Mas
d'Azil et Statuettes de Menton par E. P. avec dessins de l'abbé Breuil.
Paris 1902. Nr. XXII, S. 114.

— La collection Piette au musée de Saint-Germain par Salomon Reinach.
Paris 1902. Nr. XXII, S. 114.

— Sur une gravure du Mas d'Azil par E. P. 26 janvier 1903. Nr. XXII,
S. 114.

— Notions complémentaires sur l'Asylien (Études d'ethnographie préhistorique VI). Paris 1904. Nr. XXII, S. 114.

— Classification des sédiments formés dans les cavernes pendant l'âge
du Renne I (Études d'ethnographie préhistorique VII). Paris 1904.
Nr. XXII, S. 114.

— Les écritures de l'âge glyptique (Études d'ethnographie préhistorique
VIII). Paris 1905. Nr. XXII, S. 114.

Fischel, Professor Dr., Mitglied der königl. preußischen Akademie der
Wissenschaften zu Berlin: Als ihr Vertreter in der Überwachungskommission für die Herausgabe des Mahâbhârata durch die internationale Assoziation der Akademien designiert. Nr. XIII, S. 68.

Pischinger. Dr. Ferdinand, in Graz: Vorlage der Abhandlung ‚Archäologische Studien auf dem Gebiete von Poetovio‘ für die Sitzungsberichte. Nr. I, S. 3.

Pölten, St.: Zuschrift des Herrn Professors Franz Reininger, worin dieser
auf historische Aufzeichnungen aufmerksam macht, die sich in der
alten Klosterbibliothek vorgefunden haben. Nr. XV, S. 73.

Prähistorische Kommission: Subvention von 1000 Kronen, und zwar
400 Kronen für Ausgrabungszwecke und 600 Kronen zur Herausgabe
ihrer ‚Mitteilungen‘. Nr. XV, S. 74.

Prag, archäologisches Kabinett der böhmischen Universität: Dankschreiben
für die Überlassung der ‚Mitteilungen der prähistorischen Kommission‘.
Nr. I, S. 2.

Prag, Landesausschuß des Königreiches Böhmen: Vorlage des geschenkweise übersandten Druckwerkes ‚Codex diplomaticus et epistolaris Regni Bohemiae. Sumptibus Comitiorem Regni Bohemiae edidit Gustavus Friedrich. Tomi primi fasciculus prior. Pragae MDCCCCIV‘. Nr. V, S. 22.

— — ‚Monumenta Vaticana res gestas Bohemicas illustrantia sumptibus comitiorum regni Bohemiae ediderunt ad recensendos historiae Bohemicae fontes delegati. Tomus V. Acta Urbani VI. et Bonifatii IX. 1378—1404. Pars II (1397—1404). Opera Camilli Krofta. Pragae 1905.‘ Nr. XXII, S. 113.

— — XXII. Teil des ‚Archiv Český‘, herausgegeben von Josef Kalousek, Prag 1905. Nr. XXIV, S. 119.

— k. k. böhmische Statthalterei: Übersendung des XII. Bandes des Werkes ‚Studienstiftungen im Königreiche Böhmen (1889—1892), Prag 1905‘. Nr. XVI, S. 76.

‚Programma certaminis poetici in Academia regia disciplinarum Neerlandica ex legato Hoeufftiano in annum MCMVI indicti‘, übersendet von der königl. Akademie der Wissenschaften zu Amsterdam. Nr. XIII, S. 67.

R.

Radloff, W., Exzellenz, Präsident des russischen Komitees der Association internationale pour l'exploration de l'Asie Centrale et de l'extrême Orient in St. Petersburg: Übersendung des IV. Bulletins dieser Assoziation (vom März 1905) und Anregung zur Gründung eines österreichischen Lokalkomitees. Nr. XIII, S. 68.

— Vorlage des V. Bulletins der Association internationale pour l'exploration historique, archéologique, linguistique et ethnographique de l'Asie Centrale et de l'extrême Orient. Nr. XVII, S. 79.

Rainer, Erzherzog, Se. k. und k. Hoheit, Kurator der kaiserl. Akademie der Wissenschaften: Zuschrift, worin derselbe der kaiserl. Akademie der Wissenschaften anläßlich des Todes des w. M. Hofrates Adolf Mussafia Höchstsein tiefes Beileid bekanntgibt. Nr. XVI, S. 75.

Rangacharya, M., M.-A.: ‚A Descriptive Catalogue of the Sanskrits Manuscripts of the Government Oriental-Manuscripts Library, Madras. By the late M. Seshagiri Sastri, M.-A., and — —, Rao Bahadur. Prepared under the orders of the Government of Madras. Vol. I. Vedic Literatur. Second part. Madras 1904.‘ Nr. XVIII, S. 99.

Raudnitz, Dr. Josef, k. k. Ministerialsekretär im Finanzministerium: Vorlage der Abhandlung ‚Die Aufhebung der bischöflich Olmützschen Münzstatt zu Kremsier‘. Nr. XX, S. 108.

Reinach, Salomon: La collection Piette au musée de Saint-Germain par — —. Paris 1902. Nr. XXII, S. 114.

Reininger, Professor Franz, in St. Pölten: Zuschrift, worin dieser auf historische Aufzeichnungen aufmerksam macht, die sich in der alten Klosterbibliothek vorgefunden haben. Nr. XV, S. 73.

Reinisch, Dr. Leo, Hofrat und emeritierter Professor an der Universität Wien, w. M.: Vorlage eines Berichtes von Dr. Berthold Laufer über seine Reisen in Hochasien und seinen Aufenthalt in Peking. Nr. II, S. 5.

— Vorlage des Druckwerkes: ‚Un texte Arabico-Malgache du XVIᵉ siècle transcrit, traduit et annoté d'après les mss. 7 et 8 de la Bibliothèque Nationale par M. Gabriel Ferrand, Consul de France. (Tiré des notices et extraits des manuscrits de la Bibliothèque Nationale et autres bibliothèques, tome XXXVIII.) Paris 1904‘, als Geschenk des Herausgebers. Nr. XIV, S. 69.

Reisebericht des Herrn Dr. Rudolf Wolkan, Skriptors an der k. k. Universitätsbibliothek und Privatdozenten an der k. k. Universität in Wien, über die Briefe des Eneas Silvius vor seiner Ernennung auf den päpstlichen Stuhl. Nr. IV, S. 12.

Rhodokanakis, Dr. N., Privatdozent an der k. k. Universität in Wien: Vorlage der Abhandlung ‚Die äthiopischen Handschriften der k. k. Hofbibliothek‘ für die akademischen Schriften durch das w. M. Herrn Hofrat D. H. Müller. Nr. VI, S. 24.

Richter, Dr. Eduard, Hofrat und Professor der Geographie an der k. k. Universität Graz, w. M.: Mitteilung von seinem am 6. Februar l. J. erfolgten Ableben. Nr. V, S. 17.

— Dankschreiben der Familie des Verstorbenen für die Teilnahme der kaiserl. Akademie. Nr. VI, S. 23.

Riegl, Dr. Alois, Professor an der k. k. Universität in Wien, k. M.: Mitteilung von seinem am 19. Juni 1905 erfolgten Ableben. Nr. XVI, S. 75.

Rockinger, Dr. Ludwig, Hofrat und Direktor des allgemeinen Reichsarchivs in München, k. M.: Dankschreiben für die ihm seitens der kaiserl. Akademie aus Anlaß seines 80. Geburtstages übersandte Glückwunschadresse. Nr. I, S. 2.

Rom, Real Accademia dei Lincei: Zuschrift, daß dieselbe sich an der Ausgabe des Mahâbhârata mit einem jährlichen Kostenbeitrage von 200 Lire, und zwar auf die Dauer von fünf Jahren, zu beteiligen bereit erklärt. Nr. XV, S. 73.

— — Zuschrift, worin dieselbe bedauert, keinen Delegierten zu der Nürnberger Mahâbhârata-Konferenz entsenden zu können. Nr. XVI, S. 78.

— Archivio Muratoriano: Dankschreiben des Herausgebers, Herrn Professors Vittorio Fiorini in Rom, für die Bewilligung des ‚Archivs für österr. Geschichte‘ im Schriftentauschwege. Nr. XIX, S. 103.

Romero, Felix, Präsident der Sociedad Mexicana de Geografia y Estadistica in Mexico: Einladung zu der am 20. Mai 1906 stattfindenden Feier der 400. Wiederkehr des Todestages von Christoph Columbus. Nr. XX, S. 107.

Russisches Komitee der Association internationale pour l'exploration de l'Asie Centrale et de l'extrême Orient in St. Petersburg: Übersendung des IV. Bulletin dieser Assoziation (vom März 1905) und Anregung zur Gründung eines österreichischen Lokalkomitees. Nr. XIII, S. 68.

3

S.

Sarajewo, Landesregierung für Bosnien und die Herzegowina: Haupt-ergebnisse des auswärtigen Warenverkehrs Bosniens und der Herze-gowina im Jahre 1904 (VII. Jahrgang). Sarajewo 1905. Nr. XXVII, S. 127.

Savigny-Stiftung in Berlin: Zuschrift des Kuratoriums derselben, worin mitgeteilt wird, daß die Zinsenrate, welche der kaiserl. Akademie für die Zwecke dieser Stiftung pro 1905 zur Verfügung gestellt wird, 5000 Mark betrage. Nr. VI, S. 25.

— Bericht des Herrn Prof. Dr. Heinrich Sieveking in Marburg in Hessen über seine mit Unterstützung aus diesem Fonds unternommenen Untersuchungen: ‚Die Handlungsbücher der Medici I. Das Vermögen der Medici.‘ Nr. XI, S. 36.

— Vorlage eines Exemplars des mit Unterstützung aus der Savigny-Stiftung gedruckten Werkes ‚Quellen zur Geschichte des römisch-kanonischen Prozesses im Mittelalter, von Prof. Dr. Ludwig Wahr-mund in Innsbruck. I. Band, 1. Heft: Die Summa libellorum des Bernardus Dorna. Innsbruck 1905‘. Nr. XVI, S. 76.

Schenkl, Dr. Heinrich, Professor der klassischen Philologie an der Uni-versität Graz: Vorlage des Manuskriptes ‚Bibliotheca patrum lati-norum Britannica‘ für die Sitzungsberichte. Nr. I, S. 3.

— Subvention zu einer Reise nach England und Frankreich behufs Beschaffung des noch fehlenden handschriftlichen Materiales für seine Ausgabe der Reden des Themistius und Himerius im Betrage von 600 Kronen. Nr. XV, S. 74.

— Dankschreiben für die ihm zur Beschaffung des noch fehlenden handschriftlichen Materials für eine Ausgabe der Reden des Themi-stius und Himerius bewilligte Reisesubvention. Nr. XVI, S. 76.

Scherber, Dr. Ferdinand, in Wien: ‚Arabische Lieder‘ (aus dem 6. Hefte des IV. Jahrganges der Zeitschrift ‚Die Musik‘). Nr. III, S. 10.

Scherer, Dr. Rudolf Ritter von, Hofrat und Professor an der k. k. Univer-sität in Wien, k. M.: Allerhöchste Bestätigung seiner Wahl zum kor-respondierenden Mitgliede der Klasse. Nr. XIX, S. 102.

Schiffmann, Dr. Konrad, Professor in Linz-Urfahr: Zweiter Bericht über die Ergebnisse seiner im Auftrage der Weistümer- und Urbarkom-mission unternommenen Bereisung der oberösterreichischen Pfarr-archive. Nr. I, S. 3.

Schmidt, P. Wilhelm: Vorlage der Abhandlung ‚Slapat rāġāwaṅ datow smim ron. (Buch des Rāġāwaṅ der Königsgeschichte) aus dem Mon übersetzt‘ für die akademischen Schriften. Nr. IV, S. 11.

Schöubach, Dr. Anton E., Hofrat und Professor der deutschen Sprache und Literatur an der Universität Graz, w. M.: Vorlage der Ab-handlung ‚Studien zur Geschichte der altdeutschen Predigt. IV. Stück: Die Überlieferung der Werke Bertholds von Regensburg. I‘ für die Sitzungsberichte. Nr. IV, S. 11.

Vorlage der Abhandlung, betitelt: ‚Studien zur Geschichte der altdeutschen Predigt. V. Stück: Die Überlieferung der Werke Bertholds von Regensburg. II' für die Sitzungsberichte. Nr. XXV, S. 122.

Schroeder, Dr. Leopold von, Professor an der k. k. Universität in Wien, w. M.: Mündlicher Bericht über die am 16. d. M. zu Nürnberg abgehaltene Konferenz betreffs der kritischen Herausgabe des Mahâbhârata. Nr. XVI, S. 78.

Schrötter-Denkmal: Einladung des Komitees für die am 17. Oktober auf dem Zentralfriedhofe stattfindende feierliche Enthüllung eines Petzval- und — —. Nr. XIX, S. 105.

Schuchardt, Dr. Hugo, Hofrat und Professor an der k. k. Universität in Graz, w. M.: Vorlage des Werkes ‚Hugo Schuchardt an Adolf Mussafia. Graz, im Frühjahre 1905' für die akademische Bibliothek. Nr. XII, S. 39.

Schwestern-Fröhlich-Stiftung zur Unterstützung bedürftiger hervorragender schaffender Talente auf dem Gebiete der Kunst, Literatur und Wissenschaft: Kundmachung des Kuratoriums über die Verleihung von Stipendien und Pensionen aus dieser Stiftung. Nr. III, S. 9.

Seemüller, Dr. Josef, Professor an der k. k. Universität in Wien, k. M.: Dankschreiben für seine Berufung in die Weistümer- und Urbarkommission. Nr. XXII, S. 113.

— Einladung namens des germanistischen Seminares der k. k. Universität zu einer am 20. November im kleinen Festsaale der Universität stattgehabten Trauerfeier für Richard Heinzel. Nr. XXIV, S. 119.

Sellin, Dr. Ernst, Professor an der k. k. evangelisch-theologischen Fakultät der k. k. Universität in Wien: Vorlage der Abhandlung ‚Eine Nachlese auf dem Tell Ta‘annek in Palästina. Nebst einem Anhange von Dr. Friedrich Hrozný: Die neuen Keilschrifttexte von Ta‘annek' zur Aufnahme in die Denkschriften. Nr. VII, S. 26.

Sénart, Akademiker in Paris: von der Académie des inscriptions et belles-lettres in Paris als Vertreter zu der Nürnberger Mahâbhârata-Konferenz entsendet. Nr. XVI, S. 98.

Seshagiri, M. — Sastri, M.-A.: ‚A Descriptive Catalogue of the Sanskrit Manuscripts of the Government Oriental Manuscripts Library, Madras. By the late — — and M. Rangacharya, M.-A., Rao Bahadur. Prepared under the orders of the Government of Madras. Vol. I. Vedic Literatur. Second part. Madras 1904.' Nr. XVIII, S. 99.

Sieveking, Dr. Heinrich, Professor in Marburg in Hessen: Bericht über den Fortgang seiner Untersuchungen über die mittelalterlichen Handlungsbücher. Vorgelegt durch das w. M. Herrn Sektionschef Th. v. Inama-Sternegg. Nr. IV, S. 13.

— Bericht über seine mit Unterstützung aus dem Savigny-Fonde unternommenen Untersuchungen unter dem Titel ‚Die Handlungsbücher der Medici. I. Das Vermögen der Medici'. Nr. XI, S. 36.

Sitzungsberichte der philosophisch-historischen Klasse: Vorlage des soeben erschienenen CXLIX. Bandes, Jahrgang 1904, Wien 1905. Nr. XXV, S. 121 und 123.

Spann, Dr. O.: Kritische Blätter für die gesamten Sozialwissenschaften,

Bibliographisch-kritisches Zentralorgan, herausgegeben von Dr. Hermann Beck, Dr. H. Dorn und — —. Januar 1905. Nr. XI, S. 36.

Speijer, Dr. J. S., Professor an der königl. Universität in Leiden: Designierung desselben als Vertreter der königl. niederländischen Akademie der Wissenschaften in Amsterdam zu der Nürnberger Mahâbhârata-Konferenz. Nr. XII, S. 40.

— Dasselbe. Nr. XV, S. 74.

St. Gallen: Bibliothek des historischen Vereines des Kantons: Dankschreiben für die geschenkweise erfolgte Ergänzung von Lücken akademischer Publikationen. Nr. XIII, S. 67.

St. Petersburg, Sektion für russische Sprache und Literatur der kaiserl. Akademie der Wissenschaften: Preisausschreibung für den Michelson-Preis pro 1904—1905. Nr. III, S. 9.

-- Zuschrift der kaiserl. Akademie der Wissenschaften, daß dieselbe für die kritische Edition des Mahâbhârata einen jährlichen Beitrag von 500 Mark auf 6 Jahre bewilligt und Herrn S. d'Oldenburg zu ihrem Vertreter bei der Nürnberger Konferenz designiert hat. Nr. XII, S. 39.

— Russisches Komitee der Association internationale pour l'exploration de l'Asie Centrale de l'extrême Orient: Zuschrift des Präsidenten, Herrn W. Radloff, worin er das IV. Bulletin (vom März 1905) übersendet und die Gründung eines österreichischen Lokalkomitees in Anregung bringt. Nr. XIII, S. 68.

St. Pölten: Zuschrift des Herrn Professors Franz Reininger, worin derselbe auf historische Aufzeichnungen aufmerksam macht, die sich in der alten Klosterbibliothek vorgefunden haben. Nr. XV, S. 73.

Stalzer, Josef, in Graz: Vorlage der Abhandlung ‚Die Reichenauer Glossen der Handschrift Karlsruhe 115‘ für die Sitzungsberichte. Nr. XXV, S. 121.

Statthalterei, k. k. böhmische — in Prag: Übersendung des XII. Bandes des Werkes ‚Studienstiftungen im Königreiche Böhmen (1889—1892), Prag 1905‘. Nr. XVI, S. 76.

Steinschneider, Dr. Moritz, Professor in Berlin, k. M.: Vorlage des II. Teiles seiner Abhandlung: ‚Die europäischen Übersetzungen aus dem Arabischen bis Mitte des 14. Jahrhunderts: Werke, deren Übersetzer unbekannt oder unsicher ist‘, für die Sitzungsberichte. Nr. II, S. 5.

Stockholm, königl. schwedische Akademie der Wissenschaften: Mitteilung, worin dieselbe unter Hinweis auf ihre Bestimmung für die Naturwissenschaften und Mathematik auf die Teilnahme an der Edition des Mahâbhârata verzichten zu müssen erklärt. Nr. XIX, S. 104.

k. und k. Gesandtschaft: Zuschrift, worin der kaiserl. Akademie der Dank Sr. Majestät des Königs Oskar von Schweden für die Übersendung des VI. Bandes der Schriften der Südarabischen Expedition übermittelt wird. Nr. XIX, S. 103.

— Nobel-Komitee der schwedischen Akademie: Statuten sowie Zirkulare betreffs der nächsten Zuerkennung des literarischen Preises dieser Stiftung. Nr. XXIII, S. 116.

Stolz, Dr. Otto, Hofrat und Professor in Innsbruck, w. M. der mathematisch-naturwissenschaftlichen Klasse: Mitteilung von seinem am 23. November 1905 erfolgten Ableben. Nr. XXV, S. 121.

Strazzula, Vincenzo: 1. ‚I Persiani di Eschilo ed il nomo di Timoteo volgarizzati in prosa con introduzione storica. Messina 1904.‘ 2. ‚Dopo lo Strabone Vaticano del Cozza-Luzi. Messina 1901.‘ 3. ‚Sulle Fonti Epigrafiche della prima guerra punica in relazione alle fonti storiografiche, negli anni 264—256. Teramo 1902.‘ Diese drei Werke vom Autor übersendet. Nr. IX, S. 31.

Strzygowski, Dr. Josef, Hofrat und Professor der Kunstgeschichte an der Universität in Graz: Vorlage der Abhandlung: ‚Die Miniaturen des serbischen Psalters der königl. Hof- und Staatsbibliothek in München‘ (nach einer Belgrader Kopie ergänzt und im Zusammenhange mit der syrischen Bilderredaktion des Psalters untersucht) durch das w. M. Hofrat V. Jagić. N. IV, S. 12.

Subventionen, erteilte, der philosophisch-historischen Klasse:

— Reinhard Bünker, Lehrer in Ödenburg, zur Herausgabe seiner Märchensammlung in heanzischer Mundart 200 Kronen. Nr. VI, S. 36 und 38.

— zur Unterstützung des Honorarfonds der Savigny-Zeitschrift 600 Mark. Nr. XI, S. 38.

— dem österreichischen Komitee zur Förderung des deutschen Rechtswörterbuches 600 Mark. Nr. XI, S. 38.

— Wolf v. Glanvell in Graz für Vorarbeiten zum II. Bande seiner Deusdeditausgabe 1800 Mark. Nr. XI, S. 38.

— H. Sieveking in Marburg für Fortsetzung seiner Untersuchung der italienischen Handlungsbücher 1500 Mark. Nr. XI, S. 38.

— L. Wahrmund in Innsbruck zur Herausgabe einer Quellensammlung des römisch-kanonischen Prozesses im Mittelalter 500 Mark. Nr. XI, S. 38.

— für die Herausgabe einer Realenzyklopädie des Islâm jährlich 2500 Kronen. Nr. XI, S. 36 und 38.

— für die kritische Ausgabe des Mahâbhârata jährlich 1000 Kronen. Nr. XI, S. 38.

— für das Corpus der griechischen Urkunden des Mittelalters und der neueren Zeit jährlich 1000 Kronen. Nr. XI, S. 38.

— Phonogramm-Archivkommission pro 1905 3000 Kronen. Nr. XI, S. 38.

— Prof. Dr. H. Schenkl in Graz zu einer Reise nach England und Frankreich behufs Beschaffung des noch fehlenden handschriftlichen Materiales für seine Ausgabe der Reden des Themistius und Himerius 600 Kronen. Nr. XV, Nr. 74.

— Dr. L. M. Hartmann in Wien zur Fortsetzung und Abschließung seiner Forschungen für die Herausgabe des letzten Teiles seines ‚Tabularium S. Mariae in via lata‘ 400 Kronen. Nr. XV, S. 74.

— k. M. Prof. Dr. J. Loserth in Graz zur Durchforschung von Archiven in Ungarn und Kroatien behufs Herausgabe des II. Teiles seiner Arbeit: ‚Akten und Korrespondenzen zur Geschichte der Gegen-

reformation in Innerösterreich unter Ferdinand II.' 700 Kronen.
Nr. XV, S. 74.

Subventionen, erteilte, der philosophisch-historischen Klasse:

— Dr. Fr. Hrozný in Wien zu einer Reise nach Konstantinopel behufs Nachkollation der von ihm entzifferten Keilschrifttexte von
Ta'annek sowie zur Aufnahme von Photographien und zur Herstellung
der betreffenden Tafeln 885 Kronen. Nr. XV, S. 74.

— prähistorische Kommission 1000 Kronen, und zwar 400 Kronen für
Ausgrabungszwecke und 600 Kronen zur Herausgabe ihrer ,Mittei-
lungen'. Nr. XV, S. 74.

— Prof. Dr. L. Wahrmund in Innsbruck zur Herausgabe des Werkes
,Quellen zur Geschichte des römisch-kanonischen Prozesses im Mittel-
alter. I. Band, 1. Heft: Die Summa libellorum des Bernardus Dorna.
Innsbruck 1905'. Nr. XVI, S. 76.

— Dr. J. Lechner in Wien für eine Studienreise nach reichsdeutschen
Archiven zur Ergänzung der Materialien für eine Geschichte der
obersten Gerichtsbarkeit des deutschen Reiches im 15. Jahrhundert
600 Kronen. Nr. XIX, S. 105.

— P. P. Lindner in Salzburg als Beitrag zu den Druckkosten seines
Werkes ,Monasticon metropolis Salisburgensis antiquae' 2000 Kronen.
Nr. XIX, S. 105.

— Prof. Dr. Matthias Friedwagner in Czernowitz zur Herausgabe
des II. Teiles der altfranzösischen Gedichte des Raoul de Houdenc
1200 Kronen. Nr. XIX, S. 106.

— Prof. Dr. Alois Musil in Olmütz zum Zwecke der Vervielfältigung seiner Karte von Nordarabien durch das k. k. militärgeographische Institut in Wien 3000 Kronen. Nr. XIX, S. 106.

Südarabische Expedition der kaiserl. Akademie der Wissenschaften,
Band VI (Die Mehri- und Soqotrisprache. II. Von D. H. Müller).
Wien 1905, neu erschienen und vorgelegt. Nr. X, S. 34.

Sueß, Dr. Eduard, emerit. Prof. der Geologie an der Universität Wien, w. M.
und Präsident der kaiserl. Akademie: als Vorsitzender des Ausschusses
der internationalen Assoziation der Akademien vom hohen Kuratorium
bestätigt. Nr. I, S. 1.

Swatek, Hans: ,Urkredit, ein billiger und einfacher Hypothekarkredit. Von
— —, 1904'. Nr. XV, S. 71.

T.

Thesaurus linguae latinae: Vorlage des neuerschienenen VIII. Faszikels
des I. Vol. des — —, Leipzig 1905. Nr. XIII, S. 67.

— Bericht der Kommission für den — — über die Münchener Konferenz
am 12. und 13. Juni 1905. Nr. XX, S. 108.

— IX. (letzter) Faszikel des I. Bandes des — —. Leipzig 1905, bei B. G·
Teubner. Nr. XXI, S. 109.

Bericht über die Konferenz der inter-akademischen Kommission für
die Herausgabe des — — am 12. und 13. Juni 1905 zu München.
Nr. XXI, S. 111.

Thirring, Professor Dr. Gustav, in Budapest: Statistisches Jahrbuch der Haupt- und Residenzstadt Budapest. VI. Jahrgang 1903. Budapest 1905. Nr. XXVII, S. 127.

— Die Hauptstadt Budapest im Jahre 1901. Resultate der Volkszählung und Volksbeschreibung. Von Dr. Josef v. Körösy und — —. II. Band. Berlin 1905. Nr. XXVII, S. 127.

Todesnachrichten:

— Brauer, w. M.: 29. Dezember 1904. Nr. I, S. 1.

— Richter, w. M.: 6. Februar 1905. Nr. V, S. 17.

— Gurlitt, k. M.: 13. Februar 1905. Nr. VI, S. 23.

— Hüffer, k. M.: 15. März 1905. Nr. X, S. 33.

— Heinzel, w. M.: 4. April 1905. Nr. XI, S. 35.

— Krall, k. M.: 27. April 1905. Nr. XII, S. 39.

— Mussafia, w. M.: 7. Juni 1905. Nr. XV, S. 71.

— Denifle, k. M.: 10. Juni 1905. Nr. XVI, S. 75.

— v. Tomek, k. M.: 13. Juni 1905. Nr. XVI, S. 75.

— Riegl, k. M.: 19. Juni 1905. Nr. XVI, S. 75.

— Oppert, k. M.: 20. August 1905. Nr. XIX, S. 101.

— Usener, E.-M.: 21. Oktober 1905. Nr. XXI, S. 109.

— Koelliker, E.-M.: 2. November 1905. Nr. XXII, S. 113.

— Stolz, w. M.: 23. November 1905. Nr. XXV, S. 121.

Tomek, Dr. Wenzel Ritter v., Regierungsrat und Professor in Prag, k. M.: Mitteilung von seinem am 13. Juni 1905 erfolgten Ableben. Nr. XVI, S. 75.

Truhelka, Dr. Ćiro, Kustos am bosnisch-herzegowinischen Landesmuseum in Sarajevo: Vorlage der Abhandlung ‚Beiträge zu einem deutschalbanesischen Glossar des gegischen Dialektes'. Nr. XIX, S. 103.

Truhlař, Dr. Josef, Kustos der Prager Universitätsbibliothek: I. Teil des ‚Catalogus codicum manuscriptorum latinorum qui in c. r. bibliotheca publica atque universitatis Pragensis asservantur (Codices 1—1665 forulorum I—VIII), Pragae 1905'. Nr. XVIII, S. 99.

Turin, Biblioteca Nazionale: Dankschreiben der Vorstehung für die ihr zur Ausfüllung der durch Brand entstandenen Lücken geschenkweise übermittelten Bände akademischer Publikationen. Nr. X, S. 33.

Turopolje: ‚Monumenta historica nobilis communitatis Turopolje. Vol. I, Ann. 1225—1466 (enthaltend: Povjesni Spomenici plem. općine Turopolja, sabrao i troškom iste općine idao Emilij Laszowski. Svezak I.). U Zagrebu 1904', übersendet vom Comes der Adelsgemeinde Turopoljo. Nr. IX, S. 31.

U.

Universität in Aberdeen: Aberdeen-University-Studies, Nr. 11 (Records of the Sheriff Court of Aberdeenshire. Edited by David Littlejohn, LL. D. Volume I. Records prior to 1600). Aberdeen 1904. Nr. XVIII, S. 100.

— in Innsbruck: Dankschreiben der Vorstände des historischen Seminars für die geschenkweise Überlassung von akademischen Publikationen. Nr. IX, S. 31.

Universität in Lemberg: Rektorat und Direktion der k. k. Universitätsbibliothek: Mitteilung von der am 22. Mai 1905 erfolgten feierlichen
Eröffnung des neuen Bibliotheksgebäudes. Nr. XIV, S. 70.

Usener, Dr. Hermann, geheimer Regierungsrat und Professor in Bonn,
E.-M.: Mitteilung von dem am 21. Oktober 1905 zu Bonn erfolgten
Ableben. Nr. XXI, S. 109.

V.

Verzeichnis der von Mitte April 1904 bis Mitte April 1905 an die philosophisch-historische Klasse der kaiserl. Akademie der Wissenschaften
gelangten periodischen Druckschriften. Nr. XII, S. 47.

Volkszeitung, Österreichische, in Wien: Übersendung eines Exemplars
der zur Feier ihres 50jährigen Bestandes herausgegebenen Festnummer durch die Redaktion. Nr. XI, S. 35.

Vollmer, Friedrich: Fl. Merobaudis reliquiae, Blossii Aemilii Dracontii carmina, Eugenii Toletani episcopi carmina et epistulae cum appendicula
carminum spuriorum edidit — — (Monnm. German. Hist. Autorum
antiquissimorum tom. XIV). Berolini 1905. Nr. VI, S. 23.

Voltelini, Dr. Hans v., Professor an der k. k. Universität in Innsbruck,
k. M.: Dankschreiben für die Verwendung der Akademie zur Erlau-
gung von Abschriften von Aktenstücken aus dem Mailänder Staatsarchive. Nr. XIX, S. 103.

W.

Wahrmund, Dr. Ludwig, Professor an der k. k. Universität in Innsbruck:
Vorlage eines Exemplars des mit Unterstützung aus der Savigny-
Stiftung gedruckten Werkes ‚Quellen zur Geschichte des römisch-
kanonischen Prozesses im Mittelalter. I. Band, 1. Heft: Die Summa
libellorum des Bernardus Dorna. Innsbruck 1905‘. Nr. XVI, S. 76.

Wallis Budge, E. A.: ‚The Book of Paradise etc. by Palladius, Hieronymus and others, edited by — —. London 1904‘, 2 Bände, gespendet
von Lady Menx in London. Nr. XI, S. 35.

Weistümer- und Urbarkommission: Zweiter Bericht des Professors Dr. Konrad Schiffmann in Linz-Urfahr über die Ergebnisse seiner Bereisung
der oberösterreichischen Pfarrämter. Nr. I, S. 3.

— — Einsendung der bei den Gerichten des Wiener Oberlandesgerichtssprengels mit Ausnahme der Gerichte in Wien vorhandenen Urbare
und ähnlichen Register durch das Präsidium des k. k. Oberlandesgerichtes in Wien. Nr. III, S. 9.

Wien, k. k. österr archäologisches Institut: Bericht des Sekretärs desselben,
Herrn Professors Dr. Rudolf Heberdey, über die im Jahre 1904 zu
Ephesus ausgeführten Grabungen. Nr. XVII, S. 81.

Bürgermeisteramt der Stadt: 1. Die Gemeindeverwaltung der k. k. Reichs-
haupt- und Residenzstadt Wien im Jahre 1903. Bericht des Bürgermeisters Dr. Karl Lueger. Wien 1905. 2. Statistisches Jahrbuch der

Stadt Wien für das Jahr 1903. XXI. Jahrgang. Bearbeitet von der Magistratsabteilung XXI für Statistik. Wien 1905. Nr. XXVI, S. 125.

Wien, Gesellschaft für neuere Geschichte Österreichs: ‚Feldmarschall Johannes Fürst von Liechtenstein. Eine Biographie von Oskar Criste. Herausgegeben und verlegt von der — —. Wien 1905'. Nr. XIV, S. 69.

— — Bericht des Herrn Alexander Bayerle, Pfarrers in Pottschach, betreffs dort vorhandener Urbarialaufzeichnungen. Nr. XVII, S. 80.

— Komitee zur Errichtung eines Petzval- und Schrötter-Denkmals: Einladung zu der am 17. Oktober 1905 auf dem Zentralfriedhofe stattfindenden feierlichen Enthüllung dieses Denkmals. Nr. XIX, S. 105.

— k. und k. Ministerium des k. und k. Hauses und des Äußeren: Zuschrift der k. und k. Gesandtschaft in Stockholm, worin der kaiserl. Akademie der Dank Sr. Majestät des Königs Oskar von Schweden für die Übersendung des VI. Bandes der südarabischen Expedition übermittelt wird. Nr. XIX, S. 103.

— k. k. Ministerium für Kultus und Unterricht: Mitteilung bezüglich des letzten Meldetermines für die Teilnahme an dem internationalen archäologischen Kongresse zu Athen, Februar 1905, und Übersendung des Programmes. Nr. II, S. 5.

— — Nähere Mitteilungen bezüglich der von dem internationalen archäologischen Kongresse geplanten zwei Reiserouten. Nr. IV, S. 11.

— — I. Teil des ‚Catalogus codicum manuscriptorum latinorum qui in c. r. bibliotheca publica atque universitatis Pragensis asservantur (Codices 1—1665 forulorum I—VIII), Praguae 1905'. Nr. XVIII, S. 99.

— Präsidium des k. k. Oberlandesgerichtes: Einsendung der bei den Gerichten des Wiener Oberlandesgerichtssprengels mit Ausnahme der Gerichte in Wien vorhandenen Urbare und ähnlichen Register. Nr. III, S. 9.

— Kuratorium der Schwestern Fröhlich-Stiftung zur Unterstützung bedürftiger hervorragender schaffender Talente auf dem Gebiete der Kunst, Literatur und Wissenschaft: Kundmachung über die Verleihung von Stipendien und Pensionen aus dieser Stiftung. Nr. III, S. 9.

— Redaktion der ‚Österreichischen Volkszeitung': Übersendung eines Exemplars der zur Feier ihres 50jährigen Bestandes herausgegebenen Festnummer. Nr. XI, S. 35.

— k. k. niederösterr. Statthalterei: Zuschrift betreffs der Modalitäten für die Bewerbung um den Friedenspreis der Nobel-Stiftung für das Jahr 1905. Nr. I, S. 1.

Wieser, Dr. Franz Ritter v., Hofrat und Professor an der k. k. Universität in Innsbruck, k. M.: Allerhöchste Bestätigung seiner Wahl zum korrespondierenden Mitgliede der Klasse. Nr. XIX, S. 102.

Williams, Walter: The State of Missouri, an Autobiography by — —. 1904; übersendet von der Missouri World's Fair Commission. Nr. VI, S. 23.

Windisch, Dr. E., Professor an der Universität in Leipzig, geh. Rat: Von der königl. sächsischen Gesellschaft der Wissenschaften in Leipzig als ihr Vertreter in der Mahâbhârata-Kommission bezeichnet. Nr. XV, S. 73.

Winiarz, Dr. Alois, Privatdozent und Sekretär der k. k. Universität in Lemberg: Vorlage einer Abhandlung, betitelt: ‚Erbleihe und Rentenkauf in Österreich ob und unter der Enns des Mittelalters‘ für die akademischen Publikationen. Nr. XVII, S. 80.

Wirsén, C. D. af, Präsident des Nobel-Komitees der schwedischen Akademie zu Stockholm: Statuten und Zirkular bezüglich Verleihung des literarischen Preises. Nr. XXIII, S. 126.

Wolff-Beckh, Bruno: Kaiser Titus und der jüdische Krieg. Berlin 1905. Nr. IX, S. 31.

Wolkan, Dr. Rudolf, Skriptor an der k. k. Universitätsbibliothek und Privatdozent an der k. k. Universität in Wien: Vorlage eines Reiseberichtes über die Briefe des Eneas Silvius vor seiner Erhebung auf den päpstlichen Stuhl. Nr. IV, S. 12.

Jahrg. 1905.   Nr. I.

Sitzung der philosophisch-historischen Klasse vom 4. Jänner.

Seine Exzellenz der Vorsitzende macht Mitteilung von dem am 29. Dezember 1904 erfolgten Ableben des w. M. der mathematisch-naturwissenschaftlichen Klasse, Herrn Hofrates Dr. Friedrich Brauer in Wien.

Die Mitglieder geben ihrem Beileide durch Erheben von den Sitzen Ausdruck.

Der Sekretär verliest eine Zuschrift des hohen Kuratoriums der kais. Akademie, wonach Seine k. und k. Hoheit der durchlauchtigste Herr Erzherzog-Kurator die Wahl des Präsidenten der Akademie, Herrn Professor E. Sueß, zum Vorsitzenden und des Vizepräsidenten, Sr. Exzellenz W. von Hartel, zum Vorsitzenden-Stellvertreter des Ausschusses der internationalen Assoziation mit Dank zur höchsten Kenntnis zu nehmen geruht habe.

Der Sekretär verliest ferner eine Zuschrift der k. k. n.-ö. Statthalterei in Wien, betreffs der Modalitäten des Vorschlages für die Bewerbung um den Friedenspreis der Nobelstiftung für das Jahr 1905.

Laut der vom Komitee dieser Stiftung veröffentlichten Kundmachung sind dafür folgende Bestimmungen geltend:

Um bei der am 10. Dezember 1905 erfolgenden Verteilung des Friedenspreises der Nobelstiftung in Betracht gezogen zu

werden, müssen die Bewerber dem Nobelkomitee des norwegischen Parlamentes durch eine hierzu berufene Person vor dem
1. Februar 1905 in Vorschlag gebracht werden.

Zur Erstattung dieses Vorschlages sind berufen: die Mitglieder des Nobelkomitee des norwegischen Parlamentes; die
Mitglieder der gesetzgebenden Körperschaften und der Regierungen der verschiedenen Staaten; die Mitglieder des inter-
parlamentarischen Konseil; die Kommissionsmitglieder des ständigen internationalen Friedensbureau; die ordentlichen und
außerordentlichen Mitglieder des Institutes für internationales
Recht; den Universitätsprofessoren für Rechtswissenschaft und
für Staatswissenschaft, für Geschichte und für Philosophie; jene
Personen, welche den Friedenspreis der Nobelstiftung erhalten
haben.

Der Friedenspreis der Nobelstiftung kann auch einem Institute oder einer Gesellschaft zuerkannt werden.

Gemäß Artikel 8 des Begründungsstatutes der Nobel-
stiftung muß jeder Vorschlag mit Gründen versehen und mit
jenen Schriften und sonstigen Dokumenten, auf welche er sich
stützt, belegt werden.

Gemäß Artikel 3 dürfen nur solche Schriften zum Wett-
bewerbe zugelassen werden, welche im Drucke veröffentlicht
worden sind.

Weitere Auskünfte können von den zur Antragstellung
berufenen Personen beim Komitee Nobel des norwegischen
Parlamentes, Victoriaterrasse 4, Kristiania eingeholt werden.

Das k. M. im Auslande, Herr Hofrat Dr. Ludwig Ritter
von Rockinger, Direktor des allgemeinen Reichsarchives in
München, dankt für die ihm seitens der kais. Akademie aus
Anlaß seines 80. Geburtstages übersandte Glückwunschadresse.
Zur Kenntnis.

Das archäologische Kabinett der k. k. böhmischen Universität in Prag dankt für die Überlassung der ‚Mitteilungen
der prähistorischen Kommission‘.
Zur Kenntnis.

Der Sekretär überreicht einen von Herrn Professor Dr.
Konrad Schiffmann in Linz-Urfahr übersandten zweiten Bericht über die Ergebnisse seiner im Auftrage der Weistümer-
und Urbarkommission unternommenen Bereisung der oberösterreichischen Pfarrarchive.

Wird der Weistümer- und Urbarkommission abgetreten.

Der Sekretär überreicht den nunmehr gedruckt verliegenden Bericht über die Verhandlungen der zweiten Vollversammlung der internationalen Assoziation zu London, 25. bis
27. Mai 1904; übersandt von der Royal Society in London.

Der Sekretär legt einen vom Präsidenten des Exekutivkomitees für die Herausgabe einer ‚Realenzyklopädie des Islâm‘,
k. M. Professor M. J. de Goeje in Leiden, übermittelten Auszug aus dem Verhandlungsprotokoll der literarischen Sektion
der II. Generalversammlung der internationalen Assoziation zu
London, 25. Mai 1904, vor.

Geht an die Verbandkommission.

Seine Exzellenz der Vorsitzende überreicht namens der
akademischen Kirchenväter-Kommission den letzten Teil der
Arbeit von Professor Dr. Heinrich Schenkl in Graz ‚Bibliotheca
patrum latinorum Britannica‘, dritten Bandes dritte Abteilung,
für die Sitzungsberichte.

Das vorliegende Heft der ‚Bibliotheca patrum latinorum
Britannica‘ bildet den Abschluß des ganzen Werkes. Es enthält
die Beschreibung der hierher gehörigen Handschriften, welche
in den zahlreichen öffentlichen und privaten kleineren Sammlungen Londons und des übrigen England enthalten sind. In
der Auswahl der aufzunehmenden Handschriften glaubte der
Verfasser hinsichtlich der kleinsten Bibliotheken sich nicht allzu
ängstlich beschränken zu sollen, um auf diese Weise den Charakter der einzelnen Sammlungen, über die sonst nicht leicht
etwas bekannt werden dürfte, einigermaßen zu kennzeichnen.
Dem von mehreren Seiten geäußerten Wunsche, daß auch ein

Auszug aus dem sehr schwer zugänglichen Kataloge der Handschriften des Corpus Christi College in Cambridge der Bibliotheca einverleibt werden möge, wurde durch Hinzufügung der Nummern 4858—4958 entsprochen, obschon der Verfasser aus Gründen, die in der Einleitung zum vorletzten Hefte auseinandergesetzt sind, fast gar nichts Eigenes hinzufügen konnte. Die Indices zu dem ganzen Werke sind bereits in Angriff genommen und werden im Laufe des Jahres 1905 fertiggestellt werden.

Die Abhandlung wird in die Sitzungsberichte aufgenommen.

Der Sekretär legt ein mit der Bitte um Aufnahme in die Sitzungsberichte übersandtes Manuskript vor, betitelt: ‚Archäologische Studien auf dem Gebiete von Poetovio‘ von Herrn Dr. Ferdinand Pischinger in Graz.

Die Abhandlung wird zunächst einer Kommission zur Begutachtung und Antragstellung zugewiesen.

Jahrg. 1905.   Nr. II.

Sitzung der philosophisch-historischen Klasse vom 11. Jänner.

Das k. k. Ministerium für Kultus und Unterricht teilt mit, daß als letzter Meldetermin für die Teilnahme an dem internationalen archäologischen Kongresse in Athen der 1. Februar l. J. festgesetzt wurde, und übersendet zugleich das Programm dieses Kongresses zur Bekanntgabe an die allfälligen Teilnehmer.

Der Sekretär legt eine von dem k. M. Herrn Professor Dr. Moritz Steinschneider in Berlin übersandte Abhandlung vor, mit dem Titel: ‚Die europäischen Übersetzungen aus dem Arabischen bis Mitte des 14. Jahrhunderts. II. Abhandlung: Werke, deren Übersetzer unbekannt oder unsicher ist'.

Das w. M. Herr Hofrat Leo Reinisch legt einen Bericht von Herrn Berthold Laufer über seine Reisen in Hochasien und seinen Aufenthalt in Peking vor.

Herr Laufer schreibt hierüber:

Unterzeichneter bittet, den folgenden Bericht über seine mit einer Subvention der kaiserlichen Akademie unternommene Forschungsreise nach China überreichen zu dürfen, die gleichzeitig dadurch ermöglicht wurde, daß derselbe vom American Museum of Natural History in New-York den Auftrag erhielt, eine die gesamte Kultur und Industrieen des modernen China darstellende Sammlung zusammenzubringen. Von seiten des Museums waren für diesen Zweck 15.000 Dollars ausgesetzt worden. Im Sinne des von der Akademie übermachten Stipendiums wurde dasselbe vom Referenten verwendet, um seine Studien auf dem Gebiete der tibetischen Sprache und Literatur und der Geschichte des Lamaismus fortzusetzen. Für diese erwies sich Peking, wo er die Zeit vom 9. Dezember 1901 bis 23. November 1902 verbrachte, als der geeignetste Ort. Es gelang mir dort, einen an einer kaiserlichen Schule angestellten tibetischen Lama aus Lhasa aufzutreiben und ihn als Lehrer während jener Zeit zu gewinnen. Ich erlernte von ihm die Umgangssprache von Lhasa und betrieb mit ihm eifrig die Lektüre der Legenden des Milaraspa, von denen ich seinerzeit einige Proben in den Denkschriften der Akademie mitgeteilt hatte. Zu meiner Freude erfuhr ich von meinem Lama, daß dieses Buch auch noch jetzt als das Meisterwerk der tibetischen Literatur gilt und den besten, der gegenwärtigen Volkssprache nahekommenden Stil darstellt. Die zahlreichen Lamatempel in und bei Peking boten reiche Gelegenheit zu historischen und besonders epigraphischen Forschungen. Zahlreiche Inschriften, in der Regel in den vier Sprachen Tibetisch, Mongolisch, Chinesisch und Mandschu abgefaßt, geben Kunde von der letzten und glänzendsten Phase der Entwicklung des Lamaismus auf dem Boden Chinas, vom 16. bis zum Ende des 18. Jahrhunderts. Von allen diesen Inschriften habe ich Abklatsche genommen, die sich auf viele hunderte belaufen, ebenso von den großen Lamatempeln in Jehol im östlichen Chihli, das ich August 1902 besuchte. In ihrer Gesamtheit geben diese sehr umfangreichen epigraphischen Denkmäler ein getreues Spiegelbild der Beziehungen der chinesischen Kaiser zu Tibet und der Mongolei und eine nahezu vollständige Geschichte des Lamaismus. Ich plane, dieselben in Verbindung mit Dr. O. Franke in Berlin herauszugeben und zu übersetzen.

Ferner erwarb ich eine umfangreiche Sammlung tibetischer und mongolischer Drucke. Ich beabsichtige, eine Liste derselben mit ausführlichen Inhaltsangaben und Auszügen zu bearbeiten, nach der Art von Wylies Notes on Chinese Literature, als Grundlage zu einer Geschichte der tibetischen Literatur.

Außerdem beschäftigte mich lebhaft ein anderer Gegenstand, der mich auf meinen Reisen immer mehr anzog — die Geschichte des Islams in China, von der uns bisher so wenig bekannt geworden ist. In fast allen Orten des nördlichen und mittleren China, die ich besucht habe, habe ich die Moscheen durchforscht und Abklatsche der in ihnen vorhandenen Inschriften genommen. Dieselben sind nicht nur in chinesischer Sprache abgefaßt, sondern auch eine große Anzahl auf arabisch. Ich habe die Inschriften der Moscheen und Gräber von Kanton, Peking, Hangchow, Tᶜai an fu in Shantung, Honan und Kᶜai fong fu in Honan, Hsi-an in Shemi. Von letzterer Stadt stammt die älteste islamische Inschrift, datiert 742. Dieselbe ist auf Grund eines sehr ungenauen Textabdruckes in einem chinesischen Werke von Devéria erörtert worden, der aber bezweifelte, daß die Inschrift wirklich existierte, da sie niemand zuvor gesehen noch abgeklatscht habe. Ich habe mich nun durch Autopsie von dem Vorhandensein des Steines überzeugt und hege keinen Zweifel an der Echtheit seiner Inschrift. Ich habe mich bereits intensiv mit der Übersetzung dieses Denkmals beschäftigt und werde mir gestatten, eine darauf bezügliche Arbeit der kaiserlichen Akademie in einiger Zeit zu unterbreiten. Ich hoffe, daß die vielen hunderte Abklatsche mohammedanischer Inschriften, die ich mitgebracht habe, sehr viel zur Aufhellung der Geschichte des Islams in China beitragen werden. Im Verein mit Dr. Enno Littmann, der die arabischen Texte bearbeiten will, habe ich die Veröffentlichung dieses Materiales geplant.

Von anderen Funden erwähne ich noch eine Anzahl bisher unbekannter Inschriften in der altmongolischen Quadrat·schrift aus dem 13. und 14. Jahrhundert, die ich in der Provinz Shantung entdeckte, und eine Reihe von Basreliefs in Stein mit bildlichen Darstellungen aus der Zeit der Handynastie in Shantung, die den chinesischen wie europäischen Archäologen unbekannt geblieben waren.

Sitzung der philosophisch-historischen Klasse vom 18. Jänner.

Der Sekretär verliest ein Schreiben von Herrn Gerhart Hauptmann, worin derselbe den Dank für die Verleihung des Grillparzer-Preises ausspricht.

Das Kuratorium der Schwestern Fröhlich-Stiftung zur Unterstützung bedürftiger hervorragender schaffender Talente auf dem Gebiete der Kunst, Literatur und Wissenschaft übersendet die Kundmachung über die Verleihung von Stipendien und Pensionen aus dieser Stiftung.

Die Sektion für Russische Sprache und Literatur der kaiserlichen Akademie der Wissenschaften in St. Petersburg übersendet die Preisausschreibung für den Michelson-Preis für 1904—1906.

Das Präsidium des k. k. österreichischen Oberlandesgerichtes in Wien übersendet die bei den Gerichten im Wiener Oberlandesgerichtssprengel mit Ausnahme der Gerichte in Wien vorhandenen Urbare und ähnlichen Register.

Der Sekretär legt das von Herrn Dr. Ferdinand Scherber in Wien übersendete 6. Heft des 4. Jahrganges der Zeitschrift ‚Die Musik‘ vor, welches dessen Abhandlung ‚Arabische Lieder‘ enthält.

Der Sekretär legt eine Abhandlung von Herrn Dr. Artur Levinsohn in Berlin vor mit dem Titel: ‚Die Nuntiaturberichte des Petrus Vidoni über den ersten nordischen Krieg aus den Jahren 1656—1658‘.

Kaiserliche Akademie der Wissenschaften in Wien.

Jahrg. 1905.   Nr. IV.

Sitzung der philosophisch-historischen Klasse vom 1. Februar.

Das k. k. Ministerium für Kultus und Unterricht übersendet die näheren Mitteilungen bezüglich der von dem Internationalen archäologischen Kongresse geplanten zwei Reiserouten.

Das w. M. Herr Hofrat A. E. Schönbach in Graz übersendet eine Abhandlung mit dem Titel: ‚Studien zur Geschichte der altdeutschen Predigt. IV. Stück: Die Überlieferung der Werke Bertholds von Regensburg. I.‘

Die vorliegende Abhandlung macht als erster Teil mit sechs Handschriften lateinischer Predigten Bertholds von Regensburg bekannt, die bisher verborgen waren oder wenigstens nicht sachgemäß gewürdigt wurden. Am wichtigsten ist darunter der Baumgartenberger Rusticanus de Sanctis und de Communi. Es werden dazu Untersuchungen angestellt und Proben aus den einzelnen Sammlungen geliefert, welche die Einsicht in den Zusammenhang der schriftlichen Tradition erschließen und zugleich die Lektüre des bald folgenden nächsten Abschnittes der ‚Studien‘ erleichtern sollen.

An Stelle des erkrankten Sekretärs überreicht das w. M. E. v. Ottenthal eine Abhandlung von Herrn P. W. Schmidt

in St. Gabriel bei Mödling mit dem Titel: ‚Slapat rāġāwaṅ datow
smim ron. Buch des Rāġāwaṅ der Königsgeschichte'. (Nach
einem Palmenblatt-Manuskripte aus dem Mon übersetzt.)

Der Sekretär-Stellvertreter legt eine Abhandlung von
Herrn Dr. Adalbert Franz Fuchs in Brunnkirchen vor mit
dem Titel: ‚Urkunden und Regesten zur Geschichte der auf-
gehobenen Karthause Aggsbach'.

Der Sekretär-Stellvertreter legt einen Reisebericht von
Herrn Dr. Rudolf Wolkan über die Briefe des Eneas Silvius
vor seiner Ernennung auf den päpstlichen Stuhl vor.

Der Sekretär-Stellvertreter legt zwei von dem Verfasser
Herrn Ernst Kuhn in München zum Geschenke übersendete
Druckschriften vor, betitelt: ‚Nachrichten über die Familie
Kuhn 1549—1889', ferner ‚Nachrichten über die Familie Kuhn.
Biographisch-Literarisches usw. bis 1903'.

Das w. M. Herr Hofrat Jagić legt eine Arbeit des Professors Herrn Hofrates Jos. Strzygowski in Graz vor unter
dem Titel: ‚Die Miniaturen des serbischen Psalters der königl.
Hof- und Staats-Bibliothek in München'. (Nach einer Belgrader
Kopie ergänzt und im Zusammenhange mit der syrischen
Bilderredaktion des Psalters untersucht.)
Diese Arbeit besteht aus zwei Teilen. In dem Hauptteile
beschreibt der Verfasser und unterzieht einer kunstgeschicht-
lichen Würdigung die Illustrationen eines serbischen Psalters
der königl. Bibliothek zu München. Der volle Umfang der
Illustrationen wird auf 60 Lichtdrucktafeln reproduziert, die der
Abhandlung des Verfassers beigelegt werden. Parallelen aus
anderen illustrierten Psaltern, soweit sie zur Beleuchtung und
Begründung der Ansichten des Verfassers als notwendig er-
scheinen, werden in dem Text selbst Aufnahme finden.

Strzygowski beschreibt zunächst die auf 60 Tafeln in Lichtdruck gegebenen Miniaturen, vergleicht sie mit den Belgrader Kopien, von denen öfter Proben gegeben werden, und führt in jedem einzelnen Falle ikonographisch bedeutsame Parallelen an. Unter den Psalteranhängen ist besonders der Akathistos Hymnos zu nennen, der im Gegensatz zu den Gemälden vom heil. Berge deutlich syrische Bildtypen zeigt. In der Schlußuntersuchung stellt es sich denn auch tatsächlich heraus, daß dieser ganze serbische Hymnenkodex in den Miniaturen wahrscheinlich auf eine syrische Vorlage zurückgeht, d. h. auf eine Gattung, die auch der byzantinisch-russischen Umarbeitung, dem Psalter mönchisch-theologischer Redaktion mit Randminiaturen als Ausgangspunkt gedient hat. Die serbische Handschrift gibt das syrische Original rein ohne die Zusätze der Ikonoklastenzeit. Zum Schlusse wird der Wert der Belgrader Copie durchgesprochen und im Anhange ein bulgarischer Psalter zum Vergleich herangezogen.

In der Einleitung bespricht das w. M. Herr Hofrat Jagić die Provenienz des Münchner Kodex, geht auf die Disposition seines Inhaltes und der dazu gehörigen Bilder näher ein und berichtet auch über den grammatisch-lexikalischen Charakter der in diesem Kodex enthaltenen altkirchenslawischen Psalmenübersetzung.

Das w. M. Seine Exzellenz Th. v. Inama-Sternegg überreicht den folgenden Bericht von Herrn Professor Dr. Heinrich Sieveking in Marburg i. H. über den Fortgang seiner Untersuchungen über die mittelalterlichen Handlungsbücher.

,In meinem ersten, Anzeiger vom 3. Dezember 1902 gedruckten Berichte hatte ich auf die Bedeutung der Fragmente mediceischer Handlungsbücher in Florenz aufmerksam gemacht und den Inhalt des Hauptbuches von Averardo de Medici e compagni von 1395 mitgeteilt. Hier habe ich fortgefahren und zunächst die übrigen Handlungsbücherfragmente der Averardokompagnie, sodann was an Geschäftsbüchern der mediceischen Hauptlinie aus dem 15. Jahrhundert erhalten ist, durchgearbeitet.

Ein vollständiges Bild des Geschäftsganges, wie wir es für die Fugger besitzen, läßt sich aus diesen Bruchstücken leider nicht gewinnen, sie dienen nur dazu, die Überlieferung der Schriftsteller zu illustrieren. Doch ist für die Geschichte der Buchführung die Mannigfaltigkeit der erhaltenen Arten von Handlungsbüchern und Fragmenten wichtig, und sie bieten eine Menge einzelner Daten, die geeignet sind, die Nachrichten, die Ehrenberg und Schulte über das Bankwesen des 15. Jahrhunderts zusammengestellt haben, in nicht unwichtigen Punkten zu ergänzen und zu berichtigen.

Meinem Freunde, Dr. A. Warburg, verdanke ich die Mitteilung einiger für ihn abgeschriebener Gesellschaftsverträge der Medici; Herr Giorgetti in Florenz vermittelte mir die von Herrn Dr. Caggese besorgte Abschrift von Briefen des Gerhart Bueri aus Lübeck. So konnte ich, um ein Bild von der Geschäftsführung des Hauses Medici zu gewinnen, zu den Handlungsbüchern Geschäftskontrakte und Korrespondenzen hinzuziehen.

Bekanntlich standen die Finanzen der Medici in nicht immer lauteren Beziehungen zu den Staatsfinanzen von Florenz. Die Erforschung dieser Beziehungen wird wesentlich erleichtert werden, sobald die Dorenschen Arbeiten über den Florentiner Kataster vorliegen. Während ich davon absah, diese durch die Schriftsteller bekannten Tatsachen in dem reichen Archiv der Florentiner Finanzverwaltung zu verfolgen, konnte ich es mir nicht versagen, den Beziehungen der Medici zur Kurie wenigstens in den Anfängen unter Johann XXIII. nachzugehen.

Aus dem vatikanischen Archiv und dem Florentiner Staatsarchiv lassen sich die von Gottlob ‚aus der Camera Apostolica‘ gemachten Mitteilungen ergänzen. Die Freundlichkeit des Herrn Professors Schrader vom Preußischen Historischen Institut in Rom erleichterte mir den Zutritt zum vatikanischen Archiv, wo Herr Dr. Göller, der Bearbeiter der Einnahmen unter Johann XXII., mich mit den Formen der päpstlichen Buchführung bekanntmachte. Die Publikationen der Görresgesellschaft werden uns binnen kurzem ein exaktes Bild von der Finanzverwaltung der avignonensischen Päpste geben.

Die von mir gesammelten Notizen will ich zu einem Aufsatz verwerten, der in vier Teile zerfallen soll.

In dem ersten wird von dem Vermögen der Medici gehandelt. Hier kommen zunächst die ‚Ricordi‘ in Betracht, die schon von Fabronius mitgeteilt, aber nicht immer richtig interpretiert worden sind. Weitere Nachrichten geben die Akten über die Teilung mit der jüngeren Linie. Inventare liegen vor, vor allem über den Grundbesitz und diè museenartige Einrichtung der mediceischen Paläste. Dazu kommen Steuererklärungen Averardos und Cosimos.

Der zweite Teil soll sich mit den zahlreichen Nebenbüchern der mediceischen Handlung befassen. Es liegen ein Warenbuch der Averardokompagnie, Kasse- und Wechselbücher der Hauptlinie vor. Aus diesen Büchern erhellt vor allem, daß Deutschland doch in regerem Verkehr mit den Medici stand, als es nach den Ausführungen von Schulte im 29. Kapitel seiner ‚Geschichte des mittelalterlichen Handels und Verkehrs zwischen Westdeutschland und Italien‘ scheinen könnte. Im Anschluß daran werden die Briefe Gerhart Bueris behandelt.

Der dritte Abschnitt soll sich mit den Hauptbüchern der Filialen beschäftigen. Es sind solche erhalten von der Averardokompagnie aus Pisa, von der Hauptlinie aus Florenz. Besonders wichtig sind die in Mailand und Brügge geführten. Die Bedeutung der Brügger Filiale tritt aber noch schärfer in den Gesellschaftsverträgen mit den Portinari hervor.

Viertens soll auf die Buchführung bei den päpstlichen Finanzen kurz eingegangen werden, wir können den Namen der Medici hier wiederholt an wichtiger Stelle antreffen. Für die Schultesche Auffassung, als hätten die Medici ein Monopol des Bankbetriebes besessen und als hätte sich auf diesem Monopol ihre politische Stellung aufgebaut, lassen sich jedoch keine ausreichenden Belege finden.

Die finanziellen Beziehungen der Medici zu den verschiedenen Staaten spielen in ihrer Geschichte eine hervorragende, wenn auch keineswegs für sie immer glückliche Rolle. Hier würden die Rechnungen und Finanzakten von Florenz, Rom, Lille, London uns reicheren Aufschluß geben als die Fragmente der Handlungsbücher. Die Stellung der großen Handelshäuser wird erst durch eine vergleichende Geschichte der Staatsfinanzen jener Zeit klar. Zur Durchführung dieser Aufgabe sei hier nur die Anregung gegeben.

Das Ziel, das ich mir bei diesen Studien vorgesetzt hatte, war: einesteils den formalen Charakter der Buchführung des 15. Jahrhunderts näher zu erforschen. Die Vielseitigkeit der mediceischen Buchführung ließ sich auch bei dem fragmentarischen Charakter der Überlieferung feststellen. Sodann handelte es sich darum, ob der Inhalt der Handlungsbücher uns neue Aufschlüsse geben würde. Auch hier sind die einzelnen gewonnenen Daten immerhin bedeutungsvoll und auch die Tatsache, daß die Handlungsbücher uns keine Gesamtübersicht über das mediceische Geschäft geben, zu konstatieren, erscheint mir wichtig.'

Jahrg. 1905.   Nr. V.

Sitzung der philosophisch-historischen Klasse vom 8. Februar.

Der Vorsitzende, Exzellenz **W. Ritter v. Hartel**, macht Mitteilung von dem Verluste, welchen die kaiserliche Adademie durch das am 6. Februar in Graz erfolgte Ableben des wirklichen Mitgliedes dieser Klasse, Hofrates Professors Dr. Eduard Richter, erlitten hat.

Die anwesenden Mitglieder geben ihrem Beileide durch Erheben von den Sitzen Ausdruck.

Das w. M. Hofrat F. Kenner überreicht einen vorläufigen Bericht des k. u. k. Obersten Herrn M. v. Greller über die im Jahre 1904 im Auftrage der Limeskommission ausgeführten Grabungen.

Für die Kampagne 1904 hatte die Limeskommission nachstehendes Programm festgestellt:

1. Beginn der Limesforschung in dem ·Abschnitte Wien —Enns;
2. Fortsetzung der Grabungen im Lager Carnuntum;
3. Fortsetzung der Grabungen in der Zivilstadt Carnuntum.

I. Das Legionslager Lauriacum.

Nachdem im Jahre 1903 die Erforschung des Limes donauabwärts von Wien beendet worden ist, wurde nunmehr ein zweiter großer Abschnitt, nämlich die Strecke zwischen den Legionslagern Vindobona und Lauriacum in Angriff genommen.

Als Ausgangspunkt für diesen Abschnitt war das noch in deutlichen Spuren gezeichnete Lager von Lauriacum jedem andern Punkte, insbesondere aber dem nahezu unzugänglichen Weichbilde der Residenzstadt vorzuziehen.

Die Grabungen, denen von allen maßgebenden Faktoren die tunlichste Förderung zuteil wurde, haben ergeben, daß sich das Legionslager tatsächlich an jener Stelle befindet, welche seit jeher hierfür angesehen worden ist. Untersucht wurde die Nordecke und die an diese anstoßende Hälfte der Nordostfront. Hierbei konnte konstatiert werden, daß, durch den das Lager durchziehenden Einschnitt der Westbahn nur ein geringer Teil des Lagerareals betroffen wurde und die Erforschung der Anlage eine empfindliche Schmälerung nicht erleiden wird.

Die Befestigungsanlage setzt sich aus einem Doppelgraben, der mit Türmen verstärkten Umfassungsmauer und einem an der Innenseite der letzteren angeschütteten Erdwall zusammen.

Vom äußeren Wallgraben ist das Profil heute noch zum größten Teile erhalten. Nach Abhebung der im Laufe der Zeit zugewachsenen Füllmaterialien ergab sich ein beiläufig 4 m tiefer und 16 m breiter Spitzgraben, der in den Alluvialboden — Flußgeschiebe und Geröll — eingeschnitten ist. Die Böschungen sind nicht verkleidet.

Vom inneren Wallgraben ist jetzt äußerlich keine Spur mehr zu bemerken; er wurde wahrscheinlich mit dem Material des Wallkörpers wieder zugeschüttet. Die Tiefe des inneren Wallgrabens betrug 2·5 m, seine Breite 9·5 m.

An den inneren Wallgraben schloß eine 2·5 m breite Berme an; dieser folgte die Umfassungsmauer. In dem durchgrabenen Teile ist ihr Fundamentmauerwerk durchgehends erhalten; es ist 90—100 cm hoch und 2·10—2·30 m dick. Als Baumaterial wurden nebst ganz vereinzelten Bruchsteinbrocken nur die großen rundlichen Kieselsteine verwendet, die die Enns in großer Menge zu Tal bringt. Mit vorzüglichem Mörtel gibt dieses Material ein Mauerwerk von größter Festigkeit. Hier und da fanden sich noch geringe Reste des aufgehenden Mauerwerks, das aus grob behauenen Quadern, teils von Granit, teils von Konglomeratgestein, bestand.

An der Nordecke ist die Umfassungsmauer mit einer komplizierten Kurve, die aber grob als Viertelkreis mit dem Halbmesser von 36 m angenommen werden kann, abgerundet.

In dieser Ecke steht ein massiver Eckturm, an dem anschließenden Teile der Nordostfront wurden drei Zwischentürme aufgedeckt. Bei einem derselben ist noch ein ansehnlicher Rest des aufgehenden Mauerwerkes vorhanden, das mit massiven Granitquadern verkleidet ist.

Etwa 15 m von der Innenflucht der Umfassungsmauer setzt die Böschung des Lagerwalles an, von dem aber nur mehr die untere, etwa 1 m hohe Lage erhalten ist. Der abgetragene obere Teil dürfte zur Ausfüllung des inneren Wallgrabens in neuerer Zeit verwendet worden sein. Der erhaltene Teil der sehr sanft geneigten Wallböschung ist mit Stampfkies belegt.

Unmittelbar am Fuße des Walles zieht eine 4 m breite Zirkumvallationsstraße (via angularis) hin, sie ist mit Bruchsteinen gepflastert.

Den inneren Rand dieser Straße begleitet eine Kloake, welche zunächst der Nordecke unter der Straße und weiterhin unter der Umfassungsmauer hinweg aus dem Lager austritt.

Der ganze bisher geschilderte Raum ist ausschließlich der fortifikatorischen Anlage gewidmet, also frei von sonstigen Gebäuden.

An Kleinfunden sind besonders Münzen zahlreich vertreten; sie reichen von Antoninus Pius bis Arcadius. Außerdem kamen Waffenbruchstücke, Fibeln und Gefäßreste vor.

Ziegelstempel bezeichnen ausschließlich die II. Legion mit dem Beinamen it, itala, italalar und nicht selten mit dem Zusatze tempvpursicduc.

Vor der Mitte der Nordostfront wurde der Austritt einer Straße aus dem Lager konstatiert; ihre weitere Verfolgung war heuer untunlich.

Rekognoszierungsgrabung bei Albing. Zunächst und im Inneren dieser Ortschaft, die etwa 5 km östlich von Lauriacum liegt, wurden in den letzten Jahren mehrfach Mauerzüge im Boden nachgewiesen. Eine flüchtige Untersuchung der Lokalität ergab, daß die Ortschaft Albing wahrscheinlich über einem bedeutenden römischen Kastell erbaut ist. Insbesondere

wurde eine über 2 *m* dicke, mehrere Hunderte von Schritten
lange Mauer und in der Mitte derselben eine Toranlage aufgedeckt, welche völlig dem Typus des römischen Kastelltores
entspricht.

II. Grabung im Legionslager Carnuntum.

Anbauverhältnisse machten es heuer unmöglich, die seit
mehreren Jahren im Zusammenhange betriebene Verfolgung
der zwischen der Dekumanfront und der via quintana liegenden Gebäudegruppen fortzuführen; anstatt dessen wurde jene
große Lücke durchgegraben, welche noch in der Mitte der
westlichen Hälfte der retentura vorhanden blieb.

Dieser ganze Raum ist von einem einzigen Gebäude aus-
gefüllt, das offenbar mit den beiden von Hauser ‚forum‘, beziehungsweise ‚quaestorium‘ genannten Gebäuden zu einer
Gruppe gehörte. Es hat mit dem quaestorium gleiche Länge,
liegt ihm gerade gegenüber und zwischen beiden läuft das
linke latus praetorii.

Das Gebäude steht über den Fundamentresten älterer
Bauwerke, die offenbar abgebrochen wurden, um einen ge-
räumigen Platz für den späteren Bau zu liefern. Vier an den
Ecken zusammenstoßende Trakte bilden ein etwas verschobenes
Viereck und schließen einen geräumigen rechteckigen Hof ein.
Jeder der vier Trakte ist in der Längenmitte von einem Kor-
rider durchzogen, an dessen beiden Seiten lange Fluchten von
Zimmern und Sälen liegen.

An der Nord-, Ost- und Südseite ist das Gebäude von
Lagerstraßen begleitet.

Die Westseite schließt beiläufig mit ihrem südlichen Drittel
an den Lagerarrest (Grabung 1900) unmittelbar an, an die beiden nördlichen Drittel ist ein gleichfalls einen Hof umgebender
Flügelbau angefügt. An diesen reihen sich unmittelbar andere
Gebäude, welche bis zur Umfassungsmauer reichen (Grabung 1898/99).

Wie schon erwähnt, steht der beschriebene Bau über
einem früheren Bauhorizont. Von den Gebäuden des letzteren
ist eines von besonderer Bedeutung. Seine Anlage ist nämlich
eine ganz ähnliche wie die des späteren Baues, es ist jedoch
weit kleiner und einfacher gehalten. Drei seiner Trakte liegen

unter dem Hofe — der vierte, nördliche Trakt unter dem nördlichen Trakt des späteren Baues. Offenbar war die Bestimmung des älteren Gebäudes dieselbe wie die des späteren.
Als ersteres räumlich seinem Zwecke nicht mehr genügen
konnte, wurde es abgebrochen und auf dem gewonnenen Raume
und darüber hinaus ein Neubau aufgeführt, dessen Disposition
im großen dieselbe blieb.

Daraus dürfte zu schließen sein, daß der spätere Bau
in eine Zeit intensiver Entfaltung des römischen Lebens in
dieser Gegend zu setzen sein dürfte.

III. Grabungen in der Zivilstadt.

a) Großes Gebäude zunächst der westlichen
Lagerecke. Die im Jahre 1902 begonnene und 1903 fort-
gesetzte Ausgrabung dieses bedeutenden Gebäudes wurde
heuer beendet. Die Anlage desselben stellt sich nun wie folgt
heraus:

Es besteht aus einem Rechteck, das seine Ecken ziemlich
genau gegen die Hauptweltgegenden stellt. Seine der Donau
zugekehrte Front mißt rund 180 *m*, die beiden anstoßenden
Fronten rund je 220 *m*. Dies ergibt eine verbaute Fläche von
4·4 *ha* und darnach stellt sich das Gebäude in die Reihe der
ausgedehntesten bekannten Bauwerke.

Der nordwestliche Trakt enthält nur einen langen, schmalen
Saal, demselben war jedoch außen eine Portikus vorgelegt. Beide
Seitentrakte sind zweischiffig, jeder derselben enthält, paarweise
angeordnet, je vier Säle und zwei Zimmer.

Der südöstliche Trakt bestand ursprünglich nur aus einem
großen Raume, 175 *m* lang, 26 *m* breit; er wurde später der Länge
nach halbiert.

Den Innenraum des Gebäudes teilt ein Quertrakt in zwei
ungleich große Höfe; in jedem der letzteren befanden sich je
zwei Brunnen, von denen Ablaufkanäle aus dem Gebäude hin-
ausliefen.

Auffallend ist die Dicke der Mauern, welche 1·40 *m* bis
2·10 *m* beträgt.

In dem eben skizzierten Gebäude hat man eine zweite
Bauperiode zu erblicken, denn es ist auf den Fundamenten

eines älteren, ganz ähnlich disponierten, jedoch merklich kleiner, schwächer und einfacher gehaltenen Baues errichtet.

Es scheint also hier eine analoge Beobachtung bezüglich der Entwicklung und der zeitlichen Stellung zulässig wie bei dem oben beschriebenen Lagergebäude.

b) Eine größere geschlossene Gebäudegruppe ist zwischen den Straßen Carnuntum—Vindobona und Carnuntum—Scarabantia unweit westlich vom Lager aufgedeckt worden. Es sind durchwegs Privatgebäude bürgerlichen Stils, die jedoch nach den gut entwickelten Heizanlagen und den aufgefundenen Resten von Malerei und Stuckatur eine gewisse Behäbigkeit zeigen. Spuren von Um- und Zubauten zeigen sich auch hier.

An Stelle des erkrankten Sekretärs legt das w. M. E. v. Ottenthal das vom Landesausschusse des Königreiches Böhmen der kaiserlichen Akademie geschenkweise übersendete Druckwerk vor: „Codex diplomaticus et epistolaris Regni Bohemiae. Sumptibus Comitiorem Regni Bohemiae edidit Gustavus Friedrich. Tomi primi fasciculus prior. Pragae MDCCCCIV.“

Jahrg. 1905.   Nr. VI.

Sitzung der philosophisch-historischen Klasse vom 15. Februar.

Seine Exzellenz, der vorsitzende Vizepräsident v. Hartel macht Mitteilung von dem am 13. Februar erfolgten Ableben des k. M. im Inlande, Herrn Professors Dr. Wilhelm Gurlitt in Graz.

Die Mitglieder geben ihrem Beileide durch Erheben von den Sitzen Ausdruck.

Seine Exzellenz der Vorsitzende begrüßt ferner das neu-gewählte w. M. Herrn Hofrat Professor Dr. Karl Menger und heißt denselben herzlich willkommen.

Der Sekretär verliest ein Dankschreiben der Familie des verstorbenen w. M. Herrn Hofrates Professors Dr. Eduard Richter in Graz für die Teilnahme der Akademie.

Zur Kenntnis.

Der Sekretär überreicht folgende an die Klasse gelangte Druckwerke, und zwar:

1. ‚The State of Missouri. An Autobiography, by Walter Williams, 1904‘, übersendet von der Missouri World's Fair Commission.

2. ‚Fl. Merobaudis reliquiae, Blossii Aemilii Dracontii car-mina, Eugenii Toletani episcopi carmina et epistulae cum

appendicula carminum spuriorum edidit Fridericus Vollmer (Monum. German. Hist. Autorum antiquissimorum tom. XIV). Berolini 1905.'

3. ,Novaesium. Das im Auftrage des rheinischen Provinzialverbandes vom Bonner Provinzialmuseum 1887—1900 ausgegrabene Legionslager. Textband und Tafelband. Bonn 1904.'

Es wird für diese Einsendungen der Dank der Klasse ausgesprochen.

Das w. M. Se. Exzellenz Dr. v. Inama-Sternegg überreicht im Namen des Attachés der k. und k. Gesandtschaft in Peking, k. und k. Vizekonsuls Ernest Ludwig, seine Schrift ,The Visit of the Teshoo Lama to Peking. Chien Lung's Inscription. 1904' mit der Widmung für die Bibliothek der kaiserlichen Akademie der Wissenschaften.

Es wird hierfür der Dank ausgesprochen.

Das w. M. Herr Hofrat D. H. Müller überreicht eine Abhandlung des Herrn Privatdozenten Dr. N. Rhodokanakis in Wien, betitelt: ,Die äthiopischen Handschriften der k. k. Hofbibliothek.'

Kaiserliche Akademie der Wissenschaften in Wien.

Jahrg. 1905.   Nr. VII.

Sitzung der philosophisch-historischen Klasse vom 1. März.

Der Sekretär legt folgende eingelangte Drucke vor, und zwar:

1. ‚Uber die Verwertung der Doubletten unserer Bibliotheken. Ein Aufruf zur Gründung eines internationalen Institutes für Doublettenaustausch von Karl Friedrich Beck. Basel 1904‘, überreicht vom Verfasser;

2. Ugo Levi: ‚I Monumenti del Dialetto di Lor Mazor. Venezia 1904‘, gleichfalls vom Autor übersandt;

3. ‚Geschichte der Bukowina von den ältesten Zeiten bis zur Gegenwart unter besonderer Berücksichtigung der Kulturverhältnisse. Von Raimund Friedrich Kaindl. Czernowitz 1904‘ und

4. ‚Die Volkskunde. Ihre Bedeutung, ihre Ziele und ihre Methode mit besonderer Berücksichtigung ihres Verhältnisses zu den historischen Wissenschaften. Ein Leitfaden zur Einführung in die Volksforschung von Raimund Friedrich Kaindl. Leipzig und Wien 1903‘, beide Werke vom Verfasser übersendet;

5. ‚Deutsche Volkskunde aus dem östlichen Böhmen von Dr. Eduard Langer. 1904. IV. Band, Heft 3. Braunau i. B. 1904‘;

6. ‚Gottsched-Wörterbuch. Ehrenstätte für alle Wörter, Redensarten und Redewendungen in den Schriften des Meisters. I. Band, A—D. Berlin 1904‘;

Es wird für diese Spenden der Dank der Klasse ausgesprochen.

Das Kuratorium der Savigny-Stiftung in Berlin teilt mit, daß die Zinsenrate, welche der kaiserlichen Akademie für die Zwecke dieser Stiftung pro 1905 zur Verfügung gestellt wird, 5000 Mark betrage.

Zur Kenntnis. ——————

Der Sekretär überreicht eine vom Autor, Herrn Professor Dr. R. F. Kaindl in Czernowitz, eingesendete Abhandlung, betitelt: ‚Beiträge zur Geschichte des deutschen Rechtes in Galizien I und II', um derèn Aufnahme in das Archiv für österreichische Geschichte der Verfasser ersucht.

Derselbe bemerkt hiezu: ‚Eine Durchsicht der bekannten deutschen Rechtsgeschichten lehrt, daß dieselben über die Geschichte des deutschen Rechtes in Polen und speziell in Galizien überaus wenig bieten, und doch hat dasselbe hier bis ins 18. Jahrhundert eine überaus große Verbreitung erreicht und war besonders für die Entwicklung des städtischen Lebens von hervorragender Bedeutung. Die neuere polnische Literatur, vor allem das in den letzten Jahrzehnten in reicher Fülle veröffentlichte Urkundenmaterial ist für die deutsche Wissenschaft fast gar nicht verwertet worden. Diese Lücke einigermaßen auszufüllen, soll die Aufgabe meiner „Beiträge" sein.'

Die Abhandlung geht an die historische Kommission.

——————

Weiters überreicht der Sekretär eine Abhandlung des Herrn Prof. Dr. Ernst Sellin in Wien, betitelt: ‚Eine Nachlese auf dem Tell Ta'annek in Palästina. Nebst einem Anhange von Dr. Friedrich Hrozný: Die neuen Keilschrifttexte von Ta'annek'.

Der Verfasser bittet, diese Abhandlung gleich dem Berichte über seine früheren Ausgrabungen auf dem Tell Ta'annek in die Denkschriften aufzunehmen, und bemerkt dazu vorläufig:

Die Einleitung schildert, wie die dritte, neuerlich von den Herren Dreher und P. v. Schoeller subventionierte Expedition nach Ta'annek in Palästina zustande gekommen und verlaufen ist.

Kapitel I gibt einen kurzen Überblick über den ganzen Gang der im August 1904 unternommenen Ausgrabung und Kapitel II—IV schildern im einzelnen die˙ bei der Burg des kananitischen Fürsten Ischtarwaschur und in den neu an den verschiedensten Stellen des Hügels angelegten Probeschächten gemachten Funde.

Kapitel V faßt kurz die Resultate zusammen, und zwar in § 1 die die Geschichte der Keramik in Palästina betreffenden. In der Hauptsache ist die vom Verfasser in seinem früheren Berichte ‚Tell Ta'annek' aufgestellte Theorie über die charakteristischen Verschiedenheiten der Erzeugnisse der Keramik in den einzelnen historischen Perioden Palästinas bestätigt. Das zur Beurteilung verwendbare Material ist jetzt natürlich noch erweitert. Bereichert wurde insbesondere die sogenannte Schicht 1 b, d. i. die spätkananitische, z. B. durch eine fleischfarben bemalte Scherbe, die 7 Vögel um den Lebensbaum trug, eine andere mit einem Fische, mit einem Tiere usw., außerdem die sogenannte Schicht 3 a, d. i. die spätisraelitische, die ein reicheres Material an (cypriotischen) Krugverzierungen, nämlich in Gestalt von tierischen Körpern gebildeten Krughenkeln, Mundstücken u. dgl. ergab. Korrigiert wurde die Theorie nur in einem Punkte, nämlich der Datierung· des Beginnes der Schicht 1 b. War dieser früher zirka in das Jahr 1600 verlegt, so zeigte besonders der Scherbenbefund in der Burg des Ischtarwaschur, dessen Zeit annähernd genau feststeht, daß jene Schicht erst etwa vom Jahre 1400 an zu rechnen ist, wozu auch das baldige Auftauchen ägeischer Waren in ihr besser stimmt.

§ 2 faßt die Ergebnisse für die sonstige Kultur- und Religionsgeschichte zusammen. Dieselben haben eine besondere Bereicherung erfahren durch die Aufdeckung eines eingestürzten spätkananitischen Hauses, das allen späteren Ausraubungen entgangen war. Hier lagen neben vielen Geräten des täglichen Lebens die Leichen von einer Mutter mit ihren fünf Kindern und der Schmuck jener, der zum größten Teile aus Gold bestand, war fast komplett erhalten. Es ist der erste, der bis jetzt in Palästina gefunden wurde, und daher von hoher Bedeutung. Zugleich läßt er auf einen höheren Wohlstand bei den Kananitern schließen, als man bis jetzt auf Grund der Ausgrabungen angenommen hat. Auch für die Religionsgeschichte war dies Haus ergiebig, indem es eine bronzene weibliche Götterfigur enthielt, die unter den bis jetzt in Palästina gefundenen einzigartig dasteht.

§ 3 erörtert ein durch die letzte Ausgrabung neu gestelltes Problem. Es hat sich nun bei den schon im Jahre 1903 aufgedeckten, zu der Burg des Ischtarwaschur gehörigen Höhlen ergeben, daß zu denselben eine steinerne Wendeltreppe hinunterführte, neben der eine bis auf den Grund der Höhlen laufende steinerne Rinne künstlich hergestellt war, die ihren Ausgangspunkt oben bei einem großen Felsblock hatte. Kann demnach kein Zweifel sein, daß es sich um eine Anlage handelte, durch die das Blut der oben geopferten Tiere in die Höhlen geleitet wurde, so ist hingegen die Frage noch nicht zu entscheiden, ob nun diese Höhlen selbst für die Toten bestimmt waren oder als Wohnsitz einer Gottheit gedacht wurden. Der Verfasser hofft auf eine sicherere Entscheidung durch spätere Ausgrabungen und deutet an, daß vielleicht die ganze sogenannte Burg ein Heiligtum war, welches als solches zugleich auch das fürstliche Archiv in sich barg.

§ 4 faßt die Ergebnisse der neuerdings in dem Gebäude des Ischtarwaschur gefundenen Tontafeln zusammen. Zu den im Jahre 1903 dort ausgegrabenen vier sind nun noch drei annähernd gut erhaltene und kleine Fragmente von fünf anderen gekommen, teils Briefe, teils Namenslisten. Die zwei neuen Briefe machen uns mit einem neuen Vorgesetzten des Ischtarwaschur, Amanḫašir, bekannt und lehren uns besonders, was jener an Vasallenpflichten teils nach Megiddo, teils nach Gaza hin zu leisten hatte. Der Fund zeigt vor allem, wie lebhaft damals auch in einer so kleinen Landstadt wie Taʻannek in babylonischer Schrift gearbeitet wurde, und macht es immer wahrscheinlicher, daß um 1400 v. Chr. bei den Kananitern überhaupt noch keine andere gebräuchlich war.

Die Abhandlung wird zunächst einer Kommission zugewiesen.

Jahrg. 1905.   Nr. VIII.

Sitzung der philosophisch-historischen Klasse vom 8. März.

Die königliche Gesellschaft der Wissenschaften zu Leipzig teilt mit, daß sie die Geschäfte des Kartells pro 1905 übernommen hat, und schlägt als Versammlungstermin den 9. oder 16. Juni l. J. vor.

Zur Kenntnis.

Die Société de Linguistique de Paris macht Mitteilung von der erfolgten Verleihung des Bibescopreises an Professor Ovide Densusianu in Bukarest für seine Arbeit ‚Histoire de la langue roumaine‘ und von der Neuausschreibung dieses Preises pro 1907.

Zur Kenntnis.

Die Klasse designiert als Vertreter der kaiserlichen Akademie bei der zu Ostern laufenden Jahres in Algier stattfindenden XIV. Session des internationalen Orientalistenkongresses die Herren ww. MM. Hofrat D. H. Müller und den Sekretär, Hofrat J. Ritter v. Karabacek.

Jahrg. 1905.

Nr. IX.

Sitzung der philosophisch-historischen Klasse vom 15. März.

Der Sekretär legt die an die Klasse eingelaufenen Druckwerke vor, und zwar:

1. Vincenzo Strazzula: ,I Persiani di Eschilo ed il nomo di Timoteo volgarizzati in prosa con introduzione storica. Messina 1904';

2. von demselben: ,Dopo lo Strabone Vaticano del Cozza-Luzi. Messina 1901';

3. von demselben: ,Sulle Fonti Epigrafiche della prima guerra punica in relazione alle fonti storiografiche, negli anni 264—256. Teramo 1902', diese drei Werke vom Autor übersendet;

4. ,Kaiser Titus und der jüdische Krieg von Bruno Wolff-Beckh. Berlin 1905', vom Verfasser überreicht;

5. ,Monumenta historica nobilis communitatis Turopolje. Vol. I, Ann. 1225—1466 (enthaltend: Povjesni Spomenici plem. općine Turopolja, sabrao i troškom iste općine izdao Emilij Laszowski. Svezak I.) U Zagrebu 1904', übersendet vom Comes der Adelsgemeinde Turopolje.

Die Klasse spricht für diese Spenden den Dank aus.

Der Sekretär verliest ein Dankschreiben der Vorstände des historischen Seminars der k. k. Universität in Innsbruck für die geschenkweise Überlassung akademischer Publikationen an die dortige Bibliothek.

Zur Kenntnis.

Jahrg. 1905.   Nr. X.

Sitzung der philosophisch-historischen Klasse vom 29. März.

Se. Exzellenz der Vorsitzende macht Mitteilung von dem am 15. März l. J. zu Bonn erfolgten Ableben des k. M. geheimen Justizrates Professors Dr. Hermann Hüffer.

Die Mitglieder geben ihrem Beileide durch Erheben von den Sitzen Ausdruck.

Die Vorstehung der Biblioteca Nazionale in Turin dankt für die ihr zur Ausfüllung der durch Brand entstandenen Lücken geschenkweise übermittelten Bände akademischer Publikationen.

Zur Kenntnis.

Die königliche Gesellschaft der Wissenschaften zu Göttingen macht Mitteilungen und Vorschläge zu der geplanten Herausgabe des Mahâbhârata durch die internationale Assoziation der Akademien.

Der Sekretär legt eine Abhandlung des Herrn k. k. Regierungsrates Dr. Eugen Guglia vor, betitelt: ‚Studien zur Geschichte des V. Laterankonzils (Neue Folge)‘, wozu derselbe bemerkt:

Die vorgelegte Abhandlung schließt sich an die in die Sitzungsberichte der Klasse, Band CXL (1899) aufgenommenen ‚Studien‘ zur Geschichte desselben Konzils an. Sie zerfällt in

zwei Abteilungen. In der ersten werden Mitteilungen aus einem
noch unbenützten Kodex des Vatikanischen Archivs (Ann. XI,
Tom. 67) gemacht, welcher Abschriften von Akten enthält, die
sich auf jenes Konzil beziehen oder doch kirchliche Angelegenheiten aus der Zeit desselben behandeln; die einzelnen Stücke
werden kurz charakterisiert und ihre Datierung versucht. Die
zweite Abteilung beschäftigt sich mit der Reformbulle ‚Supernae
dispositionis‘, untersucht deren Entstehung, skizziert ihren Inhalt, bestimmt dessen Verhältnis zu den Reformarbeiten des
15. Jahrhunderts, beleuchtet die Opposition, die die Bulle auf
dem Konzil gefunden hat, und gibt zuletzt einige Notizen über
die Nachwirkung des Konzils im allgemeinen und seines Reform-
werkes insbesondere bis einschließlich zum Tridentinum.

Die Abhandlung geht an die historische Kommission.

Endlich überreicht das w. M. Herr Hofrat D. H. Müller
den eben erschienenen, von ihm verfaßten VI. Band der ‚Südarabischen Expedition‘, enthaltend ‚Die Mehri- und Soqotrisprache II. Wien 1905.‘

.

Jahrg. 1905.   Nr. XI.

Sitzung der philosophisch-historischen Klasse vom 5. April.

Seine Exzellenz, der vorsitzende Vizepräsident Ritter v. Hartel gedenkt des schweren Verlustes, den die Akademie durch das am 4. d. erfolgte Hinscheiden ihres wirklichen Mitgliedes, Herrn Hofrates Professors Dr. Richard Heinzel, erlitten hat.

Die Mitglieder geben ihrer Trauer durch Erheben von den Sitzen Ausdruck.

Lady Meux in London übersendet ein numeriertes Exemplar des Werkes ‚The Book of Paradise etc. by Palladius, Hieronymus and others, edited by E. A. Wallis Budge. London 1904‘, 2 Bde.

Es wird hierfür der Dank ausgesprochen und das Werk wird der akademischen Bibliothek einverleibt.

Die Redaktion der ‚Österreichischen Volkszeitung‘ in Wien übersendet ein Exemplar der zur Feier ihres 50jährigen Bestandes herausgegebenen Festnummer.

Es wird auch hierfür der Dank der Klasse ausgesprochen.

Der Sekretär legt weiters die folgenden an die Klasse gelangten Druckwerke vor, und zwar:

1. ‚Das schweizerdeutsche Lehngut im Romontschen‘ von R. Brandstetter (Rätoromanische Forschungen, I). Luzern 1905. Geschenk vom Verfasser;

2. ‚Kritische Blätter für die gesamten Sozialwissenschaften. Bibliographisch-kritisches Zentralorgan, herausgegeben von Dr. Hermann Beck, Dr. H. Dorn und Dr. O. Spann. Januar 1905‘;

3. ‚Nova lingua internationalis, Promet.-Propagator, von Dr. Eugen Gurin. Kiew 1898‘, vom Autor übersandt.

Es wird für diese Einsendungen der Dank ausgesprochen.

Der Präsident des Organisationskomitees für die XIV. Session des internationalen Orientalistenkongresses, Mr. René Basset in Mustapha, Algier, dankt für die Entsendung von Delegierten der kaiserlichen Akademie zu diesem Kongresse.
Zur Kenntnis.

Der Sekretär der Klasse, Hofrat Ritter v. Karabacek, übermittelt im Namen des k. M. Professors M. J. de Goeje in Leiden den Dank des zur Herausgabe einer Realenzyklopädie des Islâm eingesetzten Exekutivkomitees für die Bewilligung eines auf drei Jahre bewilligten Beitrages von jährlichen 2500 Kronen.
Zur Kenntnis.

Herr J. Reinhard Bünker, Lehrer in Ödenburg, dankt für die ihm zur Herausgabe seiner Märchensammlung in heanzischer Mundart bewilligte Subvention.
Zur Kenntnis.

Herr Professor Dr. Heinrich Sieveking in Marburg in Hessen übersendet einen ausführlichen Bericht über seine mit Unterstützung aus dem Savigny-Fonde unternommenen Untersuchungen unter dem Titel ‚Die Handlungsbücher der Medici. I. Das Vermögen der Medici‘.
Die Abhandlung wird in die Sitzungsberichte aufgenommen.

In der Gesamtsitzung der kaiserlichen Akademie vom 23. März, beziehungsweise 7. April l. J. wurden über Antrag der philosophisch-historischen Klasse folgende Subventionen erteilt:

A. Aus den Subventionsmitteln der Klasse:

Herrn *J.* Reinhard Bünker, Lehrer in Ödenburg, zur Herausgabe seiner Märchensammlung in heanzischer Mundart 200 K.

B. Aus der von seiten der Berliner Savigny-Stiftung für 1905 für Zwecke dieser Stiftung zur Verfügung gestellten Zinsenmasse per 5000 Mark:

1. zur Unterstützung des Honorarfonds der Savigny-Zeitschrift 600 Mark;

2. dem österreichischen Komitee zur Förderung des deutschen Rechtswörterbuches 600 Mark;

3. dem Prof. Wolf v. Glanvell in Graz für Verarbeiten zum II. Bande seiner Deusdeditausgabe 1800 Mark;

4. dem Prof. H. Sieveking in Marburg für Fortsetzung seiner Untersuchung der italienischen Handlungsbücher 1500 Mark;

5. dem Prof. L. Wahrmund in Innsbruck zur Herausgabe einer Quellensammlung des römisch-kanonischen Prozesses im Mittelalter 500 Mark.

C. Als jährliche Beiträge zu den Unternehmungen der internationalen Assoziation der Akademien, und zwar zunächst auf drei Jahre:

1. für die Herausgabe einer Realenzyklopädie des Islâm jährlich 2500 K;

2. für die kritische Ausgabe des Mahâbhârata jährlich 1000 K;

3. für das Corpus der griechischen Urkunden des Mittelalters und der neueren Zeit jährlich 1000 K.

D. Endlich wurden der Phonogramm-Archivkommission pro 1905 6000 K bewilligt, wovon die Hälfte, d. i. 3000 K auf Rechnung der philosophisch-historischen Klasse fällt.

Jahrg. 1905. Nr. XII.

Sitzung der philosophisch-historischen Klasse vom 10. Mai.

Seine Exzellenz, der Vorsitzende, macht Mitteilung von dem am 27. April l. J. zu Wien erfolgten Ableben des k. M. Herrn Professors Dr. Jakob Krall.

Die Mitglieder erheben sich zum Zeichen ihres Beileids von den Sitzen.

Herr Wolf Heinzel spricht namens der Familie Heinzel den herzlichsten Dank aus für die Teilnahme der kaiserlichen Akademie am Leichenbegängnisse seines Onkels, des w. M. Herrn Hofrates Dr. Richard Heinzel.

Der Sekretär überreicht das vom w. M. Herrn Hofrate H. Schuchardt in Graz eingesendete Werk ‚Hugo Schuchardt an Adolf Mussafia. Graz, in Frühjahre 1905‘.

Es wird beschlossen, hierfür den Dank auszusprechen und das Werk in die akademische Bibliothek aufzunehmen.

Der Sekretär verliest mehrere in Angelegenheit der kritischen Herausgabe des Mahâbhârata durch die internationale Assoziation der Akademien an die kaiserliche Akademie gelangte Zuschriften, und zwar:

1. Von der kaiserlichen Akademie der Wissenschaften in St. Petersburg, welche hierzu einen jährlichen Beitrag von

500 Mark auf sechs Jahre bewilligt und Herrn S. d'Oldenburg
zu ihrem Vertreter bei der geplanten Nürnberger Konferenz
designiert hat.

2. Von der Académie des inscriptions et belles-lettres in
Paris, welche zu dem genannten Zwecke einen Beitrag von
2000 Franken, zahlbar ab 1905 in vier jährlichen Raten
â 500 Franken, zu bewilligen beschlossen hat.

3. Von der königlichen dänischen Gesellschaft der Wissenschaften in Kopenhagen, welche bedauert, sich nicht an dem
Unternehmen beteiligen zu können.

4. Von der königlichen Akademie der Wissenschaften zu
Amsterdam, welche zu demselben Zwecke einen Betrag von
1200 Kronen, und zwar 100 Kronen jährlich für die Dauer
von zwölf Jahren, bewilligt und ihr Mitglied, Herrn Professor
Dr. J. S. Speijer an der Universität Leiden, als ihren Vertreter in der Überwachungskommission nominiert hat.

5. Von der Real Academia de Ciencias in Madrid, welche
sich an der Edition mit Rücksicht darauf, daß sie lediglich
den Naturwissenschaften gewidmet ist, nicht beteiligen kann.

Die Klasse beauftragt den Sekretär, den Dank der
Akademie hierfür zum Ausdrucke zu bringen.

Der Sekretär überreicht eine von Herrn Dr. C. v. Pellegrini in Zara mit der Bitte um Aufnahme in das Archiv für
österreichische Geschichte eingesendete Abhandlung, betitelt:
‚Über die Verhältnisse der Contadinen und Colonen im Gebiete
der ehemaligen Republik Ragusa‘.

Die Abhandlung geht an die historische Kommission.

Der Sekretär legt ferner die letzte für das ʿAmrawerk der
nordarabischen Kommission bestimmte Abhandlung des Herrn
Professors Dr. Alois Musil, betitelt: ‚Topographie und Geschichte der Gebiete von ʿAmra bis zum Ausgange der Omajjâden‘, im Manuskripte vor.

Professor Musil bemerkt hierzu:

In dem Gebiete, in welchem Ḳuṣejr ʿAmra und die übrigen
von mir besuchten Schlösser in näherer oder in weiterer Um-

gebung liegen, laufen zusammen die großen Karawanenstraßen vom Persischen Meerbusen (Babylonien), Südarabien (Indien), Gaza (Ägypten) und Damaskus (Phönizien, Levante). Es steht somit zu erwarten, daß dieser vielseitige Verkehr auf die ge- schichtliche Entwicklung des Landes und seiner Bewohner einen bestimmten Einfluß ausgeübt hat; da aber anderseits keines von jenen Schlössern an einer der genannten Karawa- nenstraßen gelegen ist, sondern alle stets mehr oder minder abseits stehen, ist von vornherein die Vermutung ausgeschlossen als ob es sich hier um koloniale Gründungen handeltreibender Fremdstaaten handeln würde.

Soweit unser geschichtliches Wissen überhaupt zurück- reicht, muß die einheimische Bevölkerung der in Rede stehen- den Landstriche aus Beduinen bestanden haben, und zwar aus echten Kamelzüchtern, denn der für jene Gebiete so charak- teristische Wassermangel schließt die Wahrscheinlichkeit einer jeden anderen Annahme gänzlich aus. So lange sich der Handel auf Landwegen bewegte — und über diese Zeit hinaus, in die Periode der Entdeckung der Seewege, können wir aus anderen Gründen die Entstehung der von mir aufgefundenen Schlösser nicht verlegen — hatten die Beduinen für den Ver- kehr eine ganz eigenartige Bedeutung. Dadurch, daß sie näm- lich ihre Kamele zum Wüstentransporte beistellten, haben sie überhaupt diese Transporte möglich gemacht, überdies hing die Sicherheit der Karawanen auch zumeist nur von ihrer Will- fährigkeit ab. Daraus ergab sich aber einerseits ein großer Vor- teil für die Beduinen, anderseits aber brachte ihnen die stete Verbindung mit den handeltreibenden Staaten den Nachteil, daß sie ihre volle Unabhängigkeit zum Teile einbüßten. Der han- deltreibende Fremdstaat gründete nämlich im Beduinenlande seine Kolonien, ernannte einzelne Häuptlinge, namentlich der an der Handelsstraße lagernden Stämme, zu seinen Vertretern und Würdenträgern und verschaffte diesen dadurch ein natür- liches Übergewicht über die übrigen Stämme und deren Häupt- linge, anderseits aber brachte er dieselben wieder in eine gewisse vasallenartige Abhängigkeit gegenüber der eigenen Hoheit.

Diese Entwicklung mußte umso bestimmtere und schärfere Formen annehmen, wenn der fremde Handelsstaat zugleich der

Grenznachbar war; dann hatte er nebstdem noch ein reges Interesse daran, seine Grenzen vor den räuberischen Einfällen der Beduinen zu schützen, was am sichersten durch freigebige Geschenke gelang. Auch hatte er ganz in seiner Hand die natürlichen wie die durch das steigende Wohlleben künstlich geschaffenen Bedürfnisse der Beduinen, welche dieselben durch die Erzeugnisse der Wüste nicht zu stillen vermochten. Ihre Befriedigung mußte zur Stärkung des fremden Einflusses dienen. Die Folge von all dem war aber, daß das Nachbarreich die angrenzenden Beduinen wenigstens nominell als seine Untertanen bezeichnete und ihr Gebiet dem eigenen einverleibte. Solche beduinische Vasallenstaaten begegnen uns sowohl bei Ägypten (der Maṣrstaat) als auch bei Südarabien (der Maʿinstaat) und dieselbe Erscheinung brachte hervor die Berührung der Beduinen mit Assyrien, Persien und den Römern. Die Beduinen selbst gaben ihrem Staate jeweilig den Namen der herrschenden Dynastie oder des führenden Stammes. Von solchen Dynastien begegnen uns im Gebiete unserer Schlösser die Midjan, Ḳedar, Aribi, Nebajôt, Tamûd, Ḍoǵ'om, Kinda, Laḫm, insbesondere aber die Ṛassân und die Kalb.

Der durch die Gunst der Verhältnisse herbeigeführte Wohlstand der Beduinenhäuptlinge und ihr häufiger Verkehr mit den Vertretern fremder Kultur konnten ihre Einwirkung auf die Beduinen allmählich nicht verfehlen. Diese erwarben nämlich Besitzungen in den angrenzenden Kulturgebieten und errichteten sich daselbst feste Wohnstätten und Getreidespeicher. Da gewöhnten sie sich, die Ernte- und Weinlesezeit zuzubringen, und erst dann, wenn der erste Regen kam und die Bestellung der Äcker begann, suchten sie wieder ihre Winterweideplätze in der Wüste auf. Diese waren in der Regel 40—60 km im Umkreise, in dessen Mitte das Lager aufgestellt wurde. Im Winter war man in der Wahl des Lagerplatzes ganz frei, weil eine jede Vertiefung Regenwasser auffing und hielt, vom Frühjahre aber war man auf die Nachbarschaft von Quellen angewiesen und da es ihrer nicht viele gab, so war man in der Wahl des Platzes ziemlich beschränkt und deshalb bezog man fast immer so ziemlich dieselben. Als nun die Beduinenhäuptlinge, die sich daran gewöhnt hatten, einige Zeit des Jahres in festen Häusern zu wohnen, die Bequemlichkeit dieser Lebensweise kennen gelernt hatten, bauten sie sich auch in ihren ständigen Winterquartieren in der Wüste feste Häuser sowohl für sich als auch für hohe Gäste aus den benachbarten Kulturgebieten und die gewöhnlichen Beduinen schlugen dann um dieses Zentrum herum ihre Zelte auf. Dadurch ist auch die erste Veranlassung zur Entstehung von Wüstenschlössern der von mir vorgefundenen und beschriebenen Art hinlänglich erklärt.

Die Lagerplätze der Beduinen hießen Ḥira oder Ḥirtâ — diesen Namen behielten sie auch später, als sie nicht mehr aus lauter beweglichen Zelten bestanden. Der feste Teil eines Lagers wurde auch Ḳaṣr = Schloß genannt.

Die Existenz solcher Lagerschlösser ist in der Wüstengegend östlich von Moab und Edom (also östlich von dem später al-Belḳa genannten Gebiete) bereits für die Zeit vor Christi Geburt nachgewiesen. Im 2. Jahrhunderte n. Chr. nennt Ptolemäus eine Anzahl davon fast mit dem nämlichen Namen, den sie noch heute führen: so Erupa = ar-Ruḥbe, Obaera = Ubajr = Bâjer, Thauba = aṭ-Ṭûba, Ziza = Ziza. Da die verhältnismäßig wenigen Lagerplätze durch die Natur selbst gegeben waren, müssen wir an diesen Stellen auch die Schlösser der römischen Phylarchen = Häuptlinge vermuten: des Ibn ʿAmr, Ḍoġʿom, Tereben, Amorkesos und namentlich der ṛassânischen Oberphylarchen aus dem Hause Ġafna. Endlich können auch die zahlreich genannten Schlösser aus der Omajjâdenzeit, in welcher die durch die geschilderten Verhältnisse bedingte beduinische Halbkultur ihre letzte und größte Blüte gefunden hat, nur an den gleichen Stellen gesucht werden, an denen schon die früheren Machthaber ihre festen Wohnsitze für ihren Aufenthalt in der Wüste aufgeschlagen hatten.

Welcher von den genannten Perioden die von mir besuchten Schlösser angehören, kann erst auf Grund ganz genauer Beobachtungen mit zureichender Sicherheit erschlossen werden. Möglich, daß einige, namentlich der ruinenhaften noch auf die ältesten Anlagen der vorchristlichen Zeit zurückgehen, darüber könnten erst besondere mit Ausgrabungen verbundene Untersuchungen Klarheit schaffen. Sichereren Boden betreten wir in den Schlössern, die, wie aṭ-Ṭûba oder al-Mšatta, wenigstens den Grundriß und eine Anzahl von einzelnen Kunstformen

aufweisen; am sichersten verhält es sich wohl mit ʿAmra, das
nebst seiner wohl erhaltenen baulichen Anlage zwar keine
Skulpturen, dafür aber umso kostbareren gemalten Wand-
schmuck mit einigen allerdings leider fragmentarischen Inschriften aufweist. Aus der Doppelsprachigkeit dieser Inschriften
und aus dem historischen Charakter der vorhandenen Über-
reste dieser letztgenannten Schlösser geht allein schon hervor,
daß wir ihre Entstehung unmöglich vor die Zeit des römischen
(und des sassanidisch-persischen) Einflusses versetzen dürfen.
Die Erbauer dieser Schlösser können somit lediglich entweder
unter den römischen Phylarchen (namentlich den Ḡassân) oder
den Omajjâden gesucht werden.

Für die Lösung der Frage, welcher von den beiden genannten Dynastien insbesondere die Erbauung des Schlosses
ʿAmra und die Herstellung jenes Wandschmuckes zugeschrieben werden muß, kommt neben dem Inhalte der Inschriften
und dem Ergebnisse ihres künstlerischen Befundes, welche Auf-
gaben von anderer Seite gelöst werden sollen, hauptsächlich
eine möglichst klare Erkenntnis des gesamten Kulturlebens der
Beduinen in jenen beiden Perioden und ihrer jeweiligen Beziehungen zu den benachbarten Kulturreichen in Betracht, da
wir doch mit Sicherheit annehmen dürfen, daß sowohl die Bau-
anlage als solche, als auch der Inhalt der figuralen Verzierun-
gen durch die Kulturbedürfnisse ihrer Hersteller bedingt sein
und auch etwas von dem für die Erbauer maßgebenden auswärtigen Kultureinflusse verraten müssen. Daraus folgte aber
mit Notwendigkeit, die Geschichte der weiteren Umgebung von
ʿAmra während der römischen und omajjâdischen Herrschaft
eingehend darzustellen.

Das größte Interesse mußte ich der Geschichte der Omajjâden in jenen Gebieten widmen. Denn wenn die Beduinen
von den Römern und nicht minder von den sassanidischen
Persern einem notwendigen Übel gleichgeachtet wurden, gelangten sie mit der Dynastie der muslimischen Omajjâden
gewissermaßen selbst zur Regierung des großen Reiches weit
über die Grenzen ihrer Wüste hinaus.

Muʿâwijja war mit dem mächtigsten Geschlechte in diesen
Gegenden, den Boḥdal, verschwägert, sein Sohn und Nachfolger
Jazîd unter den Beduinen erzogen und Jazîds Kinder hielten

sich ständig in den Wüstenschlössern auf, die sie nach den ṛassânischen Fürsten geerbt hatten. Auch ʿAbdulmaleks Söhne wohnten mit Vorliebe in den Schlössern unseres Gebietes. Von den Söhnen Walid I. hielt sich ʿAbbâs in al-Ḳasṭal, Jazîd in einem nur wenige Meilen von al-Ḳasṭal entfernten Schlosse auf. Da das letztere bereits in der Steppe gelegen war und die ganze Erzählung Ziza ausschließt, so kann kaum ein anderes als das 6 km von al-Ḳasṭal entfernte Schloß al-Mšatta gemeint sein, in dem wir dann eine Schöpfung des bauliebenden Chalifen al-Walid I. zu erblicken versucht wären, wenn an jener Stelle nicht bereits der ṛassânische Prinz Šuraḥbîl b. ʿAmr seinen Sitz gehabt hätte. Jazîd II., dessen Mutter ebenfalls eine Prinzessin aus dem Hause Jazîd I. war, wurde in unseren Gebieten unter den Verwandten seiner Mutter erzogen; als Chalifen treffen wir ihn hier wieder und es steht fest, daß er sich gerne in al-Mwaḳḳar aufzuhalten pflegte und von da aus die Prinzen aus dem Hause Jazîd I. besuchte, von denen Saʿid ein benachbartes Schloß (al-Adʿam oder al-Harâni) bewohnte.

Sein Sohn und Thronfolger al-Walid II. liebte ebenfalls die freie Wüstenluft und als ihm sein Onkel, der Chalif Hišâm, den Aufenthalt in seiner Residenz in Ruṣâfa (Sergiopolis) auf jede Art verbitterte, zog sich al-Walid mit seinem ganzen Hofe in unsere Gegenden zurück und hielt sich in den von seinem Vater geerbten Schlössern auf. Es werden da mehrere ausdrücklich genannt: ein Schloß im Wâdi al-Radaf (also aṭ-Ṭûba), Bâjer, al-Azraḳ, al-Baḥra. Von zahlreichen von seinen Gästen überlieferten Anekdoten erinnern einige Szenen an ʿAmra, andere lassen Lokalverhältnisse voraussetzen, welche unter allen von mir besuchten Schlössern jener Gebiete einzig und allein ʿAmra aufzuweisen hat. Nach all dem ist man versucht anzunehmen, daß sich al-Walid in ʿAmra aufhielt, dessen Hof er dann für seine Leibwache hat bauen lassen, wofür sich auch eine Andeutung in den überlieferten Erzählungen vorfindet.

Mit Rücksicht auf diese Wahrscheinlichkeit schien es mir geboten, von dem Leben, das in diesen Schlössern schon zur Zeit der ṛassânischen Fürsten, insbesondere aber während des Aufenthaltes der omajjâdischen Prinzen oder Chalifen herrschte, ein anschauliches Bild zu entwerfen.

In unseren Wüstenschlössern vollzog sich auch der tragische Ausgang der letzten Omajjâden und umgekehrt erlosch auch mit der Dynastie das höhere politische Leben der Wüstenstämme, das für die Entstehung von Wüstenschlössern in der Art von ʿAmra die notwendige und unumgängliche Vorbedingung war.

Die Beduinen selbst mochten wohl dadurch einen gründlichen Umschwung geahnt haben, denn sie widersetzten sich lange aus allen Kräften der neuen ʿabbâsischen Herrschaft. Das Unabänderliche vormochten sie aber nicht aufzuhalten und schließlich blieb ihnen nichts anderes übrig, als sich ‚in die Wüste zurückzuziehen‘, womit bei ihnen von jenem Augenblicke ununterbrochen bis zum heutigen Tage eine gänzliche Ausschaltung aus der auf Seßhaftigkeit beruhenden Kultur vollzogen war.

Die Abhandlung geht an die nordarabische Kommission.

Das w. M. Herr Hofrat Theodor Gomperz überreicht eine für die Sitzungsberichte bestimmte Abhandlung: ‚Beiträge zur Kritik und Erklärung griechischer Schriftsteller, VIII‘. Die große Mehrzahl der darin behandelten Stellen gehört Aristoteles und vorzugsweise seiner Rhetorik an. Da der Verfasser mit dieser Abhandlung die 1875 begonnene Reihenfolge von ‚Beiträgen‘ voraussichtlich abschließt, so hat er einen ‚Anhang‘ beigefügt, der teils berichtigende, teils ergänzende Nachträge zu den früheren Heften liefert. Hierbei kommen gelegentlich auch einige bisher nicht behandelte Stellen zur Besprechung.

Die Abhandlung wird in die Sitzungsberichte aufgenommen.

Verzeichnis

der von Mitte April 1904 bis Mitte April 1905 an die philosophisch-historische Klasse der kaiserlichen Akademie der Wissenschaften gelangten

periodischen Druckschriften.

Aarau. Historische Gesellschaft des Kantons Aargau:
— — Argovia, Band XXX.

Agram. Königl. kroat.-slavon.-dalmat. Landesarchiv:
— — Vjesnik (Berichte), godina VI, svezak 2—4; godina VII, svezak 1.
— Kroatische archäologische Gesellschaft:
— — Vjestnik, nove serije, sveska VII/2, 1903—1904.
— Südslawische Akademie der Wissenschaften und Künste:
— — Codex diplomaticus Regni Croatiae, Dalmatiae et Slavoniae, vol. II.
— — Grada za povijest kńiževnosti hrvatske, kńiga 4.
— — Ljetopis za godinu 1903, svezak 18.
— — Monumenta historico-juridica Slavorum meridionalium, vol. IX.
— — Rad (Razredi filol.-histor. i filol.-jurid.), knjiga 156 (61); knjiga 157 (62).
— — Rječnik hrvatskoga ili srpskoga jezika, svezak 24.
— — Zbornik za narodni život i običaje južnih slavena, kńiga IX, svezak 1.

Altenburg. Geschichts- und altertumsforschende Gesellschaft des Osterlandes:
— — Mitteilungen, Band XI, Heft 3.

Amiens. Société des Antiquaires de Picardie:
— — Bulletin, année 1903, trimestre 2—4; année 1904, trimestre 1.

Amsterdam. Koninklijke Akademie van Wetenschappen:
— — Jaarboek, 1903.
— — Paedagogium. Carmen praemio aureo ornatum in certamine poetico Hoeufftiano.
— — Verhandelingen (Afdeeling Letterkunde), nieuwe reeks, deel IV, No 2; deel V, No 4, 5.
— — Verslagen en Mededeelingen (Afdeeling Letterkunde), reeks 4, deel 6.

Antwerpen. Académie Royale d'Archéologie de Belgique:
— — Annales, série 5, tome V, livr. 2, 4; tome VI, livr. 1—4.

Antwerpen. Bulletin, 1904, I—IV; 1905, I, II.
— Stadtverwaltung:
— — Paedologisch Jaarboek, Jaargang V.
Athen. École française d'Athènes:
— — Bulletin de correspondance hellénique, année 27, 1903; année 28, 1904, Nr. I—XII; année 29, 1905, Nr. I, II. (Druckort Paris.)
— Philologikos Syllogos Parnassos:
— — Epetiris, etos 8, 1904.
— Wissenschaftliche Gesellschaft:
— — Athena, tomos XVI, tenchos III, IV.
Augsburg. Historischer Verein für Schwaben und Neuburg:
— — Zeitschrift, Jahrgang XXX, 1904.

Baltimore. Johns Hopkins University:
— — American Journal of Philology, vol. XXIV, 1—3.
— — Circulars, vol. XXIII, Nr. 165.
— — Studies in historical and political science, series XXI, Nr. 1—12.
— Peabody Institute:
— — 37th Annual Report, 1904.
— Peabody Museum of American Archaeology and Ethnology:
— — Memoirs, vol. III, Nr. 1.
— — Papers, vol. III, Nr. 1, 2.
Bamberg. Historischer Verein:
— — Bericht 62, 1903.
Bangalore. Office of Director Archaeological Researches in Mysore:
— — Epigraphia Carnatica, vol. VIII: Inscriptiones in the Shimoga District, part. II; Original Text in Kannada Characters.
Basel. Historische und antiquarische Gesellschaft:
— — Basler Zeitschrift für Geschichte und Altertumskunde, Band III, Heft 2; Band IV, Heft 1.
Batavia. Bataviaasch Genootschap van Kunsten en Wetenschappen:
— — Catalogus der Munten en Amuletten van China, Japan, Corea en Annam, door H. N. Stuart.
— — Notulen van de algemeene en directie-vergaderingen, deel XLI, 1903, aflev. 4; deel XLII, 1904, aflev. 1—3.
— — Rapporten van de Commissie in Nederlandsch-Indië voor oudheidkundig onderzoek op Java en Madoera 1901; 1902.
— — Tijdschrift voor Indische Taal-, Land- en Volkenkunde, deel XLVII, aflev. 1—6.
— — Verhandelingen, deel LIII, stuk 3; deel LIV, stuk 3; deel LVI, stuk 1.
Belgrad. Königl. Akademie der Wissenschaften:
— — Glas, Nr. LXVII, LXVIII.
— — Godičnjak, XVIII, 1903.
— — Srbija i srpski pokret i jushnoj ugarskoj 1848 i 1849.

Bergen. Museum:
— — Aarbog for 1904, hefte 1, 2.
— — Aarsberetning, 1903.
Berlin. Archäologische Gesellschaft:
— — 64. Programm zum Winckelmannsfeste.
— Kaiserlich deutsches archäologisches Institut:
— — Jahrbuch, Band XIX, 1904, Heft I—IV. — Register zu Band I—X.
— Königl. preuß. Akademie der Wissenschaften:
— — Abhandlungen, 1903.
— — Acta Borussica: Münzwesen, Münzgeschichtlicher Teil, Band I; Beschreibender Teil, Heft II; — Behördenorganisation und allgemeine Staatsverwaltung, Band 7; — Die Briefe König Friedrich Wilhelms I. an den Fürsten Leopold zu Anhalt-Dessau 1704—1740.
— — Corpus Inscriptionum Latinarum, vol. VIII, supplementum pars III; vol. XIII, pars I, fasc. I; pars II, fasc. I.
— — Inscriptiones Graecae (Inscriptiones Insularum Maris Aegaei praeter Delum), vol. XII, fasc. V, pars III, supplementum.
— — Politische Korrespondenz Friedrichs des Großen, Band XXX.
— — Sitzungsberichte, Jahrgang 1904, Nr. I—LV.
— Verein für Geschichte der Mark Brandenburg:
— — Forschungen zur brandenburgischen und preußischen Geschichte (Neue Folge der ‚Märkischen Forschungen‘), Band XVII, Hälfte 1, 2.
Bern. Allgemeine geschichtsforschende Gesellschaft der Schweiz:
— — Anzeiger für schweizerische Geschichte, 1904, Nr. 2—4; 1905, Nr. 1 (Druckort Zürich).
— — Quellen zu Schweizer Geschichte, Band III, Abteilung 1; Band VIII; Band XV, Teil 2; Band XVIII—XXIII (Druckort Basel).
— — Jahrbuch für schweizerische Geschichte, Band XXIX (Druckort Zürich).
Bologna. Regia Deputazione di Storia patria per le Provincie di Romagna:
— — Atti e Memorie, serie 3, vol. XXI, fasc. IV—VI; vol. XXII, fasc. I—VI.
Bombay. Archaeological Survey Department of India:
— — A concordance to the principal upanishads and bhagavadgitâ, by G. A. Jacob.
— — Bombay Sanskrit series, Nr. I—VIII, XII, XIII, XVI, XVII, XXIII, XXIV, XXXI, XXXIII—XXXV, XXXVII, XL—XLVI, XLVIII, XLIX, L—LIV, LVI—LX, LXII, LXIII.
— — The Vyâkarana-Makâbhâshya of Patanjali, edited by F. Kielhorn, vol. I.
— Archaeological Survey of Western India:
— — Progress Report, 1904.
— Bombay Branch of the Royal Asiatic Society:
— — Journal, vol. XXI, Nr. LIX.
Bordeaux. Faculté des Lettres:
— — Annales de la Faculté des Lettres de Bordeaux et des Universités du Midi: Revue des Études anciennes, année XXVI, 1904, tome VI,

Nr. 2—4; année XXVII, 1905, tome VII, Nr. 1. — Bulletin italien, année XXVI, 1904, tome IV, Nr. 3, 4; année XXVII, 1905, tome V, Nr. 1.

Boston. American Academy of Arts and Sciences:
— — Proceedings, vol. XXXIX, Nr. 19—24; vol. XL, Nr. 1—17.
— American Philological Association:
—· — Transactions and Proceedings, vol. XXXIV, 1903.
Brescia. Ateneo:
— — Commentarii dell' Ateneo, anno 1904.
Breslau. Schlesische Gesellschaft für vaterländische Kultur:
— — Die Schlesische Gesellschaft für vaterländische Kultur.
— — Jahresbericht 81, 1903.
— Schlesisches Museum für Kunstgewerbe und Altertümer:
— — Schlesiens Vorzeit in Bild und Schrift, Neue Folge, Band III (zugleich Zeitschrift des Vereins für das Museum schlesischer Altertümer, Neue Folge, Band III).
— Verein für Geschichte und Altertum Schlesiens:
— — Codex diplomaticus Silesiae, Band XXIII.
— — Schlesische Kriegstagebücher aus der Franzosenzeit 1806—1815, von H. Granier.
— — Zeitschrift, Band 38.
Brünn. Hlídka literární. Ročník XXI, 1904, číslo 4—12; ročnik XXII, 1905, číslo 1, 2.
— Mährische Museumsgesellschaft:
— — Časopis Moravského Musea Zemského, ročník IV, číslo 2; ročnik V.
— Zeitschrift des Mährischen Landesmuseums, Band IV, Heft 1, 2; Band V, Heft 1.
Brüssel. Académie royale des Sciences, des Lettres et des Beaux-Arts de Belgique:
— — Annuaire, 1905.
— — Bibliographie Nationale, tome XVIII, fasc. 1.
— — Bulletin de la Classe des Lettres et des Sciences morales et politiques et de la Classe des Beaux-Arts, 1904, Nr. 3—12.
— — Mémoires couronnés et autres Mémoires (—8°), tome LXIII, fasc. 8; tome LXIV; tome LXV, fasc. 1, 2; tome LXVI.
— — Mémoires couronnés et Mémoires des Savants étrangers (—4°), tome LXII, fasc. 5—7; tome LIV, fasc. 7.
— Commission royale d'Histoire de Belgique (Académie royale);
— — Bulletin, tome 73, I—IV.
— — La chronique de Gislebert de Mons.
— — Recueil des instructions générales aux Nonces de Flandre, 1596—1635.
— Ministère de l'Intérieur et de l'Instruction publique:
—· — Cataloge des manuscrits de la Bibliothèque royale de Belgique, tome 3.
— Société d'Archéologie de Bruxelles:
— — Annales, tome XVIII, livr. III, IV.
— Société des Bollandistes:
— — Analecta Bollandiana, tome XXIII, fasc. I—IV; tome XXIV, fasc. I.

Budapest. Königl. ungarische Akademie der Wissenschaften:
— — Almanach, 1905.
— — Archaeologiai Értesitő, kötet XXIV, szám 2—5; kötet XXV, szám 1.
— — Athenaeum. Philosophiai és államtudományi folyóirat, évfolyam XIII, szám 2—4; évfolyam XIV, szám 1.
— — Elhúnyt tagjai fölött tartott emlékbeszédek, kötet XII, szám 3—10.
— — Értekezések a nyelv- és széptudományok köréből, kötet XVIII, szám 9, 10; kötet XIX, szám 1—5.
— — Értekezések a társadalmi tudományok köréből, kötet XIII, szám 2, 3.
— — Értekezések a történeti tudományok köréből, kötet XX, szám 1, 2.
— — Irodalomtörténeti közlemények, évfolyam XIV, 1904, füzet 2—4; évfolyam XV, 1905, füzet 1.
— — Nyelvtudományi közlemények, kötet XXXIV, 1904, füzet 2—4.
— — Történelmi tár, 1904, füzet 2—4; 1905, füzet 1.
— — Verschiedene Veröffentlichungen: Déak Éiete, írta Ferenczi S., kötet II, III; — Evlia cselebi török világyutazó magyarországi utazásai 1660—1664, írta Karácson J.; — Harcz a német hegemóniáért, írta Friedjung H.; — Kazinczy Ferencz levelezése, közzéteszi Váczy J., kötet XIV; — Magyar jogtörténeti emlélek, kötet V, fele 2; — Rimay János Munkái, kiadja Radvánszky B.; — Udvarhely vármegye közgazdasági leirása, írta Barabás E.
— Statistisches Bureau der Haupt- und Residenzstadt Budapest:
— — Publikationen, XXXIII (I/2), XXXV, XXXVI.
Budyšin. Časopis Maćicy Serbskeje 1903, lětnik LVI, zešiwk II; 1904, lětnik LVII, zešiwk I, II.
Bukarest. Academia Română:
— — Analele: Partea administrativă şi desbaterile, seria II, tomul XXV, 1902—1903; tomul XXVI, 1903—1904; — Memoriile secţiunii literare, seria II, tomul XXVI, 1903—1904.
— — Discursurĭ de recepţiune, Nr. XXVI.
— — Verschiedene Veröffentlichungen: Bibliografia Românéscă veche 150-8-1830, de J. Bianu şi N. Hodos; — Insectele in limbra, credinţele şi obieliurile Romanilor, de S. F. Marian; — Legendele Maicii Domnului, de S. F. Marian.

Cairo. Institut Égyptien:
— — Bulletin, série IV: Nr. 3, fasc. 5—8; Nr. 4, fasc. 1—6; Nr. 5, Fasc. 1, 2.
Calcutta. Archaeological Survey of India:
— — Annual Report, 1902—1903.
— — Annual Progress Report 1904; — Photographs and Drawings.
— — Epigraphia Indica and Record, vol. VII, part VIII, IX; vol. VIII, part I.
— Archaeological Survey, Bengal Circle:
— — Annual Report, 1904.
— Asiatic Society of Bengal:
— — Bibliotheca Indica, new series, Nr. 1067—1103.

52

Calcutta. Journal: part I, vol. LXXII, Nr. 2; vol. LXXIII, Nr. 1, 2; —part III, vol. LXXII, Nr. 2; vol. LXXIII, Nr. 1, 2.

— — Proceedings, 1903, Nr. VI—X, Extra Nr. XI; 1904, Nr. I—V.

— Government of India:

— — Annual Report of the Board of Scientific Advice for India, 1903—1904,

— — Census of India 1901; vol. I = A, India, part I, Report; part II. Tables; Ethnographic Appendices.

— — Linguistic Survey of India, vol. V, part I.

— India Office Library:

— — Catalogue of the Sanskrit Manuscripts, vol. VII (Druçkort London).

Cambridge (U. S. A.). Peabody Museum:

— — Archaeological and ethnological papers, vol. I, Nr. 7.

— — Papers, vol. IV, Nr. 1.

Campinas. Centro de Sciencias, Letras e Artes:

— — Revista, 1904, Nr. 6, 7.

Christiania. Videnskabs-Selskabet:

— — Forhandlinger, aar 1903.

— — Skrifter (historisk-filosofisk Klasse), 1903.

Chur. Historisch-antiquarische Gesellschaft von Graubünden:

— — Jahresbericht XXXII, Jahrgang 1902; XXXIII, Jahrgang 1903.

Czernowitz. Bukowiner Landesmuseum:

— — Jahrbuch, Jahrgang 11, 1903.

— — Rechenschaftsbericht 12, 1903.

Darmstadt. Historischer Verein für das Großherzogtum Hessen:

— — Archiv für hessische Geschichte und Altertumskunde, Neue Folge, Band III, Heft 3; Band IV, Heft 1.

— — Beiträge zur Hessischen Kirchengeschichte, Band II, Heft 1; — Registerband.

— — Quartalsblätter, Jahrgang 1903, Band III, Nr. 9—12.

Dublin. Royal Irish Academy:

— — Proceedings, section C (Archaeology, Linguistic and Literature Science), vol. XXIV, part 5; vol. XXV, part 1—8.

— — Todd Lecture Series, vol. VII; vol. VIII, part I.

Erfurt. Königl. Akademie gemeinnütziger Wissenschaften:

— — Jahrbücher, Neue Folge, Heft XXX (Festschrift zur Feier des 150jährigen Bestandes der Königl. Akademie).

Florenz. Biblioteca nazionale centrale:

— — Bollettino delle pubblicazioni italiani, 1904, Nr. 40—48; 1905, Nr. 49—51.

Freiburg. Gesellschaft zur Beförderung der Geschichte, Altertums- und Volkskunde:

— Zeitschrift (Alemannia, N. F. 5), Band 20, Heft 1—4.

Genf. Société d'Histoire et d'Archéologie:
— — Bulletin, tome II, livr. 9.
— — Mémoires et Documents, Nouvelle série, tome 8, livr. 2.
Göteborg. Högskola:
— — Årskrift, band VIII, 1902; band IX, 1903.
— Kung. Vetenskaps -och Vitterhets Samhället:
— — Handlingar, följden 4, V—VI.
Göttingen. Königl. Gesellschaft der Wissenschaften:
— — Abhandlungen (philolog.-histor. Klasse), Neue Folge, Band V, Nr. 5;
Band VII, Nr. 5; Band VIII, Nr. 1, 2, 4.
— — Gelehrte Anzeigen, Jahrgang 166, 1904, Nr. IV—XII; Jahrgang 167,
1905, Nr. I, II.
— — Nachrichten (philolog.-histor. Klasse), 1904, Heft 1—5; 1905, Heft 1.
— — Geschäftliche Mitteilungen, 1904, Heft 1, 2.
Graz. Historischer Verein für Steiermark:
— — Steirische Zeitschrift für Geschichte, Jahrgang II, Heft 1—4.

Haag. Departement van Koloniën:
— — Dagh-Register, gehonden int Casteel Batavia vant passerende daer ter
plaetse als over geheel Nederlandts-India, anno 1647—1648; anno 1656
bis 1657; anno 1677.
— Koninkl. Instituut voor de Taal-, Land- en Volkenkunde van
Nederlandsch Indië:
— — Bijdragen, volgreeks 7, deel 2, aflev. 3, 4; deel 4, aflev. 1, 2.
Halle. Deutsche morgenländische Gesellschaft:
— — Zeitschrift, Band LVIII, Heft I—IV. (Druckort Leipzig.)
Hamburg. Hamburgische wissenschaftliche Anstalten:
— — Jahrbuch, Jahrgang XX, 1902 samt Beiheft 1—3. — Beiheft: Die Meister
der japan. Schwertzieraten, von Shinkichi Hara, bearb v. J. Brinckmann.
— Senat:
— — Entwurf des Hamburgischen Stadtbudgets für das Jahr 1904.
— — Jahresbericht der Verwaltungsbehörden der freien und Hansestadt
Hamburg, 1902.
— — Programme der Unterrichtsanstalten, Nr. 849, 851—857.
— — Staatshaushältische Abrechnung über das Jahr 1901; 1902.
— — Verhandlungen zwischen Senat und Bürgerschaft.
— Verein für Hamburgische Geschichte:
— — Mitteilungen, Jahrgang 23, 1903.
— — Zeitschrift, Band XII, Heft 1.
Hannover. Historischer Verein für Niedersachsen:
— — Zeitschrift, Jahrgang 1904, Heft 2—4.
Hermannstadt. Verein für siebenbürgische Landeskunde:
— — Archiv, Neue Folge, Band XXXI, Heft 2; Band XXXII, Heft 2.
— — Jahresbericht, 1903.

Innsbruck. Ferdinandeum für Tirol und Vorarlberg:
— — Zeitschrift, Folge 3, Heft 48.

Jena. Verein für thüringische Geschichte und Altertumskunde:
— — Regesta diplomatica necnon epistolaria historiae Thuringiae, Band III, Teil .1 (1228—1247).
— — Thüringische Geschichtsquellen, Neue Folge, Band III.
— — Zeitschrift, Neue Folge, Band XIV, Heft 1, 2; Band XV, Heft 1.

Kasan. Kaiserliche Universität:
— — Občij kurs russkoj grammatiki.
— — Učenyja Zapiski, tom. LXXI, 1904, Nr. 5—12; tom. LXXII, 1905, Nr. 1—3.

Kassel. Verein für hessische Geschichte und Landeskunde:
-- — Festschrift zum Gedächtnis Philipps des Großmütigen, Landgrafen von Hessen, geboren am 13. November 1504.

Kiel. Gesellschaft für Schleswig-Holsteinsche Geschichte:
— — Quellensammlung, Band VI.
— — Zeitschrift, Band 34.

Kiew. Kais. Universität St. Wladimir:
— — Izvêstija, god 1904, tom XLIV, Nr. 2—12; god 1905, tom XLV, Nr. 1.

Klagenfurt. Geschichtsverein für Kärnten:
— — Jahresbericht, 1903.
— — Mitteilungen (Carinthia), Jahrgang 1904, Nr. 1—6.

Klausenburg. Franz Josefs-Akademie:
— — Almanach, MCMIV—V, felére I, II.
— Reg. scient. Universitas Francisco-Josephina:
— — Acta, annus MCMIII—IV, fasc. II.

Kopenhagen. Kongelige Danske Videnskabernes Selskab:
— — Oversigt over Forhandlinger, 1904, Nr. 2—6; 1905, Nr. 1.
— — Skrifter (histor. och filos. afdeling), raekke 6, bind VI, Nr. 2.
— Kongelige Nordiske Oldskrift-Selskab:
— — Aarbøger for Nordisk Oldkyndighed og Historie, raekke II, bind 18, 1903.
— Société royale des Antiquaires du Nord:
— — Mémoires, nouvelle série, 1903.

Krakau. Kaiserliche Akademie der Wissenschaften:
— — Bibliografia historyi polskiej, zebral i utożył L. Finkel, część III, zeszyt II.
— — Biblioteka pisarzów Polskich, Nr. 49.
— — Bulletin international (Anzeiger der philol. und hist.-phil. Klasse): Comptes rendus des séances (Classe de Philologie, Classe d'Histoire et de Philosophie), 1903, Nr. 10; 1904, Nr. 1—10.
— — Materyały antropologiczno-archeologiczne i etnograficzne, tom IV; tom VII.
— — Materyały i Prace komisyi językowei, tom I, zeszyt 3.
— — Rocznik, 1903—1904.
— — Rozprawy (wydział filologiczny), serya II, tom XXIV.
— — Sprawozdania z czynności i posiedzeń, tom VIII, 1903, Nr. 10; tom IX, 1904, Nr. 1—10.

Laibach. Musealverein für Krain:
— — Izvestja muzejskega društva, Ietnik XIV, 1904, sešitek 1—6.
— — Mitteilungen des Musealvereines, Jahrgang XVII, 1904, Heft III—VI.
Landshut. Historischer Verein für Niederbayern:
— — Verhandlungen, Band XL, 1904.
Leiden. Maatschappij der Nederlandsche Letterkunde:
— — Handelinger en Mededeelingen, 1903—1904; — Levensberichten der afgestorvenen Medeleden 1903—1904.
— — Nederlandsche Volksboeken, VIII, IX.
— — Tijdschrift voor Nederlandsche Taal- en Letterkunde, deel 22, aflev. 3, 4; deel 23, aflev. 1, 2.
Leipzig. Königl. Sächsische Gesellschaft der Wissenschaften:
— — Abhandlungen (philolog.-histor. Klasse), Band XXII, Nr. IV—VI; Band XXIV, Nr. I—III.
— — Berichte über die Verhandlungen (philolog.-histor. Klasse), Band LV, .1903, Nr. III—V; Band LVI, 1904, Nr. I—III.
Lemberg. Historischer Verein:
— — Kwartalnik historyczny, 1903, rocznik XVIII, zeszyt 1—4.
— Šewčenko-Verein der Wissenschaften:
— — Časopis pravniča i ekonomična, rik IV, tom VI, VII.
— — Chronik, 1903, Heft VI; 1904, Heft I—III.
— — Etnografičnij Sbirnik, tom XV; tom XVI.
— — Matériaux pour l'ethnologie ukraïno-ruthène, tome VII.
— — Ruska istorična biblioteka, tom XXIV.
— — Zapiski (Mitteilungen), Jahrgang XIII, 1904, Band LVIII—LXII; Jahrgang XIV, 1905, Band LXIII, LXIV.
Linz. Museum Francisco-Carolinum:
— — 62. Bericht nebst 56. Lieferung der Beiträge zur Landeskunde.
Löwen. Université catholique:
— — Annuaire, 1905.
— — Revue d'histoire ecclésiastique, année 5, No. 2—4; année 6, No. 1.
London. Anthropological Institute of Great Britain and Ireland:
— — Journal, vol. XXXIII, 1903 July—Dezember; vol. XXXIV, 1904, January—June.
— India Office Library:
— — Catalogue of the Sanskrit Manuscripts, vol. VII.
— London Library:
— — Catalogue, supplement 1, 1902—1903.
— Royal Historical Society:
— — Transactions, new series, vol. XVIII, 1904.
Lüneburg. Musealverein für das Fürstentum Lüneburg:
— — Lüneburger Museumsblätter, Heft 1.
Lüttich. Universität:
— — Bibliothèque de la Faculté de Philosophie et Lettres, fasc. XIII.
— — Programm des cours, année 1903—1904.
— Institut archéologique:
— — Bulletin, tom XXXIII, fasc. 1, 2; tome XXXIV, fasc. 1, 2.

56

Madras. Archaeological Survey of India:
— — South-Indian Inscriptions, vol. III, part II.
— Government of Madras:
— — A descriptive Catalogue of the Sanskrit Manuscripts of the Government Oriental Manuscripts Library, vol. I, part I.
Madrid. La Ciudad de Dios, año XXIV, 1904, vol. LXIII, núm. XXXI, XXXII; vol. LXIV, núm. XXXIII—XL; vol. LXV, núm. XLI—XLVIII; — año XXV, 1905, vol. LXV, núm. XLIX, L, LII—LIV.
— Real Academia de la Historia:
— — Boletin, 1904, tomo XLIV, guaderno V—VI; tomo XLV, guaderno I—VI; 1905, tomo XLVI, guaderno I—III.
Mailand. Reale Istituto Lombardo di Scienze e Lettere:
— — Rendiconti, serie II, vol. XXXVII; vol. fasc. IV—XX; vol. XXXVIII, fasc. I—IV.
— Società storica Lombarda:
— — Archivio storico Lombardo, serie 4, anno XXXI, fasc. I—IV.
Mantua. R. Accademia Virgiliana:
— — Atti e Memorie, anno 1903—1904.
Maredsous. Abbaye de St. Benoit:
— — Revue Bénédictine, année 21, 1904, Nr. 3, 4; année 22, 1905, Nr. 1.
Messina. R. Accademia Peloritana:
— — Atti, anno XVIII, 1903—1904; anno XIX, 1904—1905, fasc. I.
Missouri. University:
— — Bulletin, vol. V, Nr. 4—12; vol. VI, Nr. 1.
— — Studies, vol. II, number 3—5.
Mitau. Kurländische Gesellschaft für Literatur und Kunst:
— — Sitzungsberichte und Jahresbericht des kurländischen Provinzial-Museums, 1903.
Montevideo. Museo nacional:
— — Anales (Sectión histórico-filosófico), tomo I.
Montpellier. Academie des Sciences et Lettres:
— — Mémoires (Section des Lettres), série 2, tome IV, Nr. 2.
Moskau. Lazarewskisches Institut für orientalische Sprachen:
— — Trudy po vostokovje djenija, vyp. VIII.
— Öffentliches und Rumancowsches Museum:
— — Otčet, 1903.
München. Historischer Verein von und für Ober-Bayern:
— — Altbayrische Forschungen, II—III.
— — Oberbayrisches Archiv für vaterländische Geschichte, Band LII, Heft 1.
— — Altbayrische Monatsschrift, Jahrgang 4, Heft 4.
— Königl. bayrische Akademie der Wissenschaften:
— — Abhandlungen (historische Klasse), Band XXIII, Abt. II; — (philos.-philol. Klasse), Band XXII, Abt. III.
— — Redo in der Festsitzung am 14. März 1904.
— — Sitzungsberichte (philos.-philolog. und histor. Klasse), 1904, Heft I—IV.

Nancy. Académie de Stanislas:
— — Mémoires, série 6, tome I, 1903—1904.

Neapel. Accademia di Archeologia, Lettere e Belle Arti (Società reale):
— — Rendiconti, nuova serie, anno XVII, Aprile—Dicembre 1903; anno XVIII, Gennaio—Aprile 1904.
— Accademia di Scienze morali e politiche (Società reale):
— — Atti, vol. XXXV, 1904.
— — Rendiconti, anno XLII, Gennaio—Dicembre 1903; anno XLIII, Gennaio—Dicembre 1904.
— Accademia Pontaniana:
— — Atti, serie II, vol. IX, 1904.

Neusatz. Matice Srpska:
— — Letopis, knjiga 225—230.
— — Kalendar, 1905, god IV.
— — Knijge, broj 10.
— — Knijge za narod, sweska 108—110.

New Haven. American Oriental Society:
— — Journal, vol. 25, half 1, 2.

New-York. American Geographical Society:
— — Bulletin, vol. XXXVI, 1904, Nr. 1—12; vol. XXXVII, 1905, Nr. 1, 2.

Nürnberg. Germanisches Nationalmuseum:
— — Anzeiger, Jahrgang 1903, Heft I—IV; Jahrgang 1904, Heft I.
— — Katalog der mittelalterlichen Miniaturen, von E. W. Bredt.
— Verein für Geschichte der Stadt Nürnberg:
— — Die Pflege der Dichtkunst im alten Nürnberg.
— — Jahresbericht über das Vereinsjahr 26, 1903.
— — Mitteilungen, Heft 16.

Padua. Reale Accademia di Scienze, Lettere ed Arti:
— — Atti e Memorie, nuova serie, vol. XX, anno CCCLXIII, 1903—1904.

Parenzo. Società Istriana di Archeologia e Storia patria:
— — Atti e Memorie, vol. XX, 1904, fasc. 1, 2.

Paris. Académie des Inscriptions et Belles-Lettres:
— — Comptes rendus, année 1904, Janv.—Déc.
— École des Chartes:
— — Revue d'Érudition, LXV, 1904, livr. I—VI.
— École française d'Athènes et de Rome:
— — Bibliothèque, fasc. 84; fasc. 90; fasc. 91; fasc. 92.
— Familistère du Guise:
— — Le Devoir, Revue de questions sociales, tome 28, 1904, Avril—Déc.; tome 29, 1905, Janv.—Mars.
— Ministère de l'Instruction publique et des Beaux-Arts:
— — Bulletin archéologique du comité des travaux historiques et scientifiques, 1904, Mars—Juillet, Novembre, Decembre; 1905, Janv.

Paris. Musée Guimet:

— — Annales (Revue d'Histoire des Religions), Année 24, tome XLVIII, No. 1—3; année 25, tome XLIX, No. 1, 2.

— — Le Jubilé du Musée Guimet, 1879—1904.

— Société nationale des Antiquaires de France:

— — Bulletin, 1904, trimestre 1—4.

— — Centennaire, 1804—1904; compte-rendu de la journée du 11 avril 1904.

— — Mémoires, série 7, tome III, 1902.

— — Mémoires et Documents, Mettensia IV, fasc. II.

St. Petersburg. Kais. Akademie der Wissenschaften:

— — Izvêstija (Bulletin) 1902, tom XVII, Nr. 5; 1903, tom XVIII, Nr. 1—5; tom XIX, Nr. 1—5; 1904, tom XX, Nr. 1—4.

— — Zapiski (Mémoires, Classe histor.-philolog.), série VIII, vol. VI, Nr. 5, 6.

— — Sbornik otdêlenija russkago jazyka i slovenosti, tom 74; tom 75.

— — Verschiedene Veröffentlichungen: Bibliotheca Buddhica, IV, V, VIII; — Byzantina Chronica, tomos IX, teuchos 3, 4; tomos X, tenchos 1—4; — Das Triadon, ein sahidisches Gedicht mit arabischer Übersetzung, von O. v. Lemm; — Der Alexanderroman bei den Kopten; ein Beitrag zur Geschichte der Alexandersage im Orient, von O. v. Lemm; — Documents sur les Tou-Kine (Turcs) occidentaux; recueillés et commentés par E. Chavannes; — Latwju dainas, burtniza 1—10; II; — Le livre de Zoroastre (Zarâtusht Nâma) de Zartusht-i Bahrâm ben Pajdû, publié et traduit par F. Rosenberg; — Proben der Volksliteratur der türkischen Stämme, herausgegeben von W. Radloff, Teil X (und Übersetzung); — Versuch eines Wörterbuches der Türk-Dialekte, von W. Radloff, Lief. 17.

— Kais. Universität:

— — Izdanija fakulteta vostočnych jazykov, Nr. 5, Nr. 9, Nr. 11, Nr. 13, Nr. 14, Nr. 15.

— — Otčet imperatorskoi pnbličnoi biblioteki za 1899 god.

— — Otčet o sostojanij i dêjatelnosti za 1903.

— — Spisok knig priobjetennych bibliotekoju, 1903, Nr. 1.

— — Zapiski istoriko-filologičeskago fakulteta, čast LXXI; čast LXXII, čast LXXIII; čast LXXIV.

Philadelphia. American Philosophical Society:

— — Proceedings, vol. XLII, Nr. 174; vol. XLIII, Nr. 175—177.

Plauen. Altertumsverein:

— — Mitteilungen, 16. Jahresschrift für die Jahre 1903—1904 (samt Beilage: Das Amt Pausa bis zur Erweiterung durch Kurfürst August von Sachsen im Jahre 1569 und das Erbbuch vom Jahre 1506, von C. v. Raab).

Posen. Historische Gesellschaft:

— Zeitschrift, Jahrgang 19, Halbband I, II.

Prag. Böhmische Kaiser Franz Josefs-Akademie der Wissenschaften, Literatur und Kunst:

— — Almanach, ročnik XIV; ročnik XV.

Prag. Archiv pro lexikografii a dialektologii, číslo V.

— — Bibliografie české historie, díl III, svazek 1.

— — Bibliotéka klassiků řeckých a římských, číslo 8.

— — Historický Archiv, číslo 24.

— — Sbírka pramenův ku poznání literárního života v Čechách, na Moravě a v Slezsku, řada II, skupina I, číslo 6.

— — Soupis památek historických a uměleckých v království Českém od pravěku do počátku XIX. století, XIX; XX.

— — Věstník, 1904, ročník XIII, číslo 2—9; 1905, ročník XIV, číslo 1, 2.

— Gesellschaft zur Förderung deutscher Wissenschaft, Kunst und Literatur in Böhmen:

— — Beiträge zur deutsch-böhmischen Volkskunde, Band V, Heft 2.

— — Bibliothek deutscher Schriftsteller aus Böhmen, Band XI; Band XIV.

— Landesausschuß:

— — Archiv český, díl XXVII.

— Lese- und Redehalle der deutschen Studenten in Prag:

— — 55. Bericht.

— Museum des Königreiches Böhmen:

— — Časopis, 1904, ročník LXXVIII, svazek I—VI; ročník LXXIX, svazek I.

— Statistische Kommission:

— — Statistisches Handbuch der königl. Hauptstadt Prag für das Jahr 1901.

— — Administrační Zpráva královského hlavního města Prahy, za lita 1900 a 1901, část I.

— — Statisticka knížka královského hlavního města Prahy za rok 1901.

— Verein für die Geschichte der Deutschen in Böhmen:

— — Mitteilungen, Jahrgang XLII, IV; Jahrgang XLIII, I—III.

Raigern. Benediktinerstift:

— — Studien und Mitteilungen aus dem Benediktiner- und Cistercienserorden, 1904, Jahrgang XXV, Heft I—IV.

Regensburg. Historischer Verein von Oberpfalz und Regensburg:

— — Verhandlungen, Neue Folge, Band 47.

Rennes. Université:

— — Annales de Bretagne, tome XIX, Nr. 4.

— — Travaux scientifiques, tome II, fasc. I—III.

Riga. Gesellschaft für Geschichte und Altertumskunde der Ostseeprovinzen Rußlands:

— — Mitteilungen aus der livländischen Geschichte, Band XVIII, Heft 1; Band XIX, Heft 1.

— — Sitzungsberichte, 1903.

Rom. Accademia Pontificia dei Nuovi Lincei:

— — Atti, anno LVII, 1903—1904, sessione I—VII; anno LVIII, 1904 bis 1905, sessione I.

— — Memorie, vol. XXII.

Rom. Kaiserl. deutsches archäologisches Institut:
— — Mitteilungen, Band XIX, 1904, fasc. 1, 2.
— Reale Accademia dei Lincei:
— — Annuario, 1905.
— — Atti, Memorie (Classe di Scienze morali, storiche e filologiche), serie 5, vol. VIII; vol. IX; vol. X; vol. XI.
— — Atti, Notizie degli Scavi di Antichità, serie 5, vol. I, fasc. 1—6.
— — Atti, Rendiconti (Classe di Scienze morali, storiche e filologiche), serie 5, vol. XIII, fasc. 1—8.
— — Rendiconti dell' adunanza solenne del 5 Giugno 1904.
— Reale Società Romana di Storia patria:
— — Archivio, vol. XXVII, fasc. I—IV;
— — Diplomi imperiali e reali delle cancellerie d'Italia.
— — Monumenti paleografici di Roma, fasc. I—IV.
— — Notizie e trascrizioni dei diplomi imperiali e reali delle cancellerie d'Italia.
Roveredo. Imp. Reale Accademia degli Agiatı:
— — Atti, serie 3, vol. X, 1904, fasc. I—IV.

Salzburg. Gesellschaft für Salzburger Landeskunde:
— — Mitteilungen, Vereinsjahr XLIV, 1904.
— Museum Carolino-Augusteum:
— — Jahresbericht, 1903.
Santiago de Chile. Deutscher wissenschaftlicher Verein:
— — Verhandlungen, Band IV, Heft 6; Band V, Heft 1.
Sarajevo. Landesregierung für Bosnien und Herzegowina:
— — Hauptergebnisse des auswärtigen Warenverkehres Bosniens und der Herzegowina im Jahre 1903.
Schwerin. Verein für mecklenburgische Geschichte und Altertumskunde:
— — Jahrbücher und Jahresbericht, Jahrgang 69.
— — Register über die Jahrgänge 41—50.
Spalato. Museo Archeologico:
— — Bollettino di Archeologia e Storia Dalmata, anno XXVII, 1904, Nr. 1—10.
Speier. Historischer Verein der Pfalz:
— — Mitteilungen, XXVII.
Stans. Historischer Verein der fünf Orte Luzern, Uri, Schwyz, Unterwalden und Zug:
— — Der Geschichtsfreund (Mitteilungen des Vereines), Band LIX, 1904.
Stettin. Gesellschaft für Pommersche Geschichte und Altertumskunde:
— — Baltische Studien, Neue Folge, Band VIII.
Stockholm. Kong. Vitterhets Historie och Antiquitets Akademien:
— Antiquarisk Tidskrift för Sverige, del 17, Nr. 3.
— — Månadsblad, 1898 och 1899, Januari-December; 1901 och 1902, Januari—December.

Stuttgart. Königl. Statistisches Landesamt:
— — Statistisches Handbuch für das Königreich Württemberg, Jahrgang 1902 und 1903.
— Kommission für Landesgeschichte:
— — Württembergische Jahrbücher für Statistik und Landeskunde, Jahrgang 1904, Heft 1, 2.
— — Württembergische Vierteljahrshefte für Landesgeschichte, Neue Folge, Jahrgang XIII, 1904, Heft I—IV.

Tokyo. Deutsche Gesellschaft für Natur- und Völkerkunde Ostasiens:
— — Mitteilungen, Band IX, Supplement: Geschichte des Christentums in Japan, II.
Toronto. University:
— — Studies: Historical publication relating to Canada 1903; — History and economics, vol. II, Nr. 2; — Philological series, Nr. 1.
Toulouse. Université:
— — Annales du Midi. Revue de la France méridionale, année XV, Nr. 60; année XVI, Nr. 61, 62.
— — Annuaire, année 1904—1905.
— — Rapport annuel du Conseil de l'Université, 1902—1903.
— — Verschiedene Veröffentlichungen: Essai sur la méthode de Francesco Sanchez, par E. Senchet; — Liberté du travail et solidarité vitale, par E. Senchet.
Trient. Archivio Trentino. Anno XIX, 1904, fasc. I, II.
— Tridentum, Rivista mensile di studi scientifici. Annata VII, 1904, fasc. II—X; annata VIII, 1905, fasc. I.
Troppau. Kaiser Franz Josefs-Museum für Kunst und Gewerbe:
— — Jahresbericht 1903.
Turin. Reale Accademia delle Scienze:
— — Atti, 1903—1904, vol. XXXIX, disp. 8—15; 1904—1905, vol. XL, disp. 1—5.
— — Memorie, serie II, tomo LIV.

Ulm. Verein für Kunst und Altertum in Ulm und Oberschwaben:
— — Katalog des Gewerbe-Museums.
Upsala. Kongl. Humanistiska Vetenskaps-Samfundet:
— — Skrifter, band VIII.
— Regia Societas Scientiarum:
— — Nova Acta, series III, vol. XX, fasc. II, 1904.
— Universität:
— — Årsskrift. 1903.
Utrecht. Historisch Genootschap:
— -- Bijdragen en Mededeelingen, deel 25, 1904. (Druckort Amsterdam.)
— — Werken, serie III, Nr. 20.

Utrecht. Provinciaal Utrechtsch Genootschap van Kunsten en Wetenschappen:
— — Aanteekeningen van het verhandelde in de sectie-vergaderingen, 1904.
— — Verslag van het verhandelde in de algemeene vergadering, 1904.

Valle di Pompei.
— — Calendario del Santuario di Pompei, 1905.
— — Il Rosario e la Nuova Pompei, anno XXI, 1904, guad. IV—XII; anno XXII, 1905, guad. I—III.
— — Valle di Pompei, anno XIV, Nr. 1, 2.

Washington. Smithsonian Institution:
— — Smithsonian Contributions to Knowledge (Hodgkins Fund), vol. XXXIII; vol. XXXIV, Nr. 1438, 1459.
— — Smithsonian Miscellaneous Collections, vol. XLIV, Nr. 1374, 1417, 1440; vol. XLV, Nr. 1419, 1445; vol. XLVI, Nr. 1441, 1477; vol. XLVII, Nr. 1467, 1478.
— U. St. National Museum (Smithsonian Institution):
— — Annual Report of the Board of Regents (Report of the U. S. National Museum) 1903.
— — Proceedings, vol. XXVII.

Wien. Das Wissen für Alle:
— — Jahrgang IV, 1904, Nr. 16—52; Jahrgang V, 1905, Nr. 1—14.
— Handels-Museum:
— — Jahrbuch der Export-Akademie, Studienjahr 5, 1902—1903.
— K. k. Archäologisches Institut:
— — Jahreshefte, Band VII, Heft I, II.
— K. k. Hauptmünzamt:
— — Katalog der Münzen- und Medaillen-Stempel-Sammlung des k. k. Hauptmünzamtes, Band III (mit Tafeln).
— K. k. Zentral-Kommission zur Erforschung und Erhaltung der Kunst- und historischen Denkmale:
— — Mitteilungen, Folge 3, Band III, 1904, Nr. 1—6.
— K. u. k. Kriegs-Archiv:
— — Die letzte Operation der Nordarmee 1866.
— — Geschichte der k. u. k. Wehrmacht, Band VI.
— — Krieg gegen die französische Revolution 1792—1797; Band I; Band II.
— — Mitteilungen, Folge 3, Band III.
— K. u. k. militär-geographisches Institut:
— — Mitteilungen, Band XXIII, 1903.
— Militär-wissenschaftlicher Verein:
— — Organ der militär-wissenschaftlichen Vereine, 1904, Band LXVIII, Heft 2—4; Band LXIX, Heft 1—4; 1905, Band LXX, Heft 1, 2.
— Niederösterreichischer Gewerbeverein:
— Das k. k. Technologische Gewerbe-Museum in Wien 1879 bis 1904.
— — Wochenschrift, Jahrgang LXV, 1904, Nr. 16—52; Jahrgang LXVI, 1905, Nr. 1—14.

Wien. Österreichische Gesellschaft vom Rothen Kreuz:
— — General-Bericht 25.
— Verein für Landeskunde in Niederösterreich:
— — Jahrbuch für Landeskunde von Niederösterreich, Jahrgang II, 1903.
— — Monatsblatt, Jahrgang II, Nr. 13—24. (1902 und 1903.)
— — Topographie von Niederösterreich, Band VI. Der alphabetischen
Reihenfolge der Ortschaften V. Band, Heft 1, 2.
— Wiener Zeitschrift für die Kunde des Morgenlandes. Band
XVIII, Heft 1—4.
— Wissenschaftlicher Klub:
— — Jahresbericht 1903—1904.
— — Monatsblätter, Jahrgang XXV, 1904, Nr. 7—12; Jahrgang XXVI,
1905, Nr. 1—5.

Ministerien und Statistische Ämter.

— K. k. Ackerbau-Ministerium:
— — Statistisches Jahrbuch, 1901, Heft 2, Lief. 4; 1902, Heft 2, Lief. 3;
1903, Heft 1, Heft 2, Lief. 1, 2.
— K. k. arbeitsstatistisches Amt im k. k. Handels-Ministerium:
— — Arbeiterverhältnisse im Ostrau-Karwiner Steinkohlenrevier, Teil I.
— — Die Arbeitseinstellungen und Aussperrungen im Gewerbebetriebe in
Österreich während des Jahres 1903.
— — Protokoll des Arbeitsbeirates, Sitzung 17, 18.
— K. k. Eisenbahn-Ministerium:
— — Österreichische Eisenbahnstatistik für das Jahr 1903, Teil I, II.
— — Sammlung der auf dem Gebiete des Eisenbahnwesens hinausgegebenen
Normalien und Konstitutiv-Urkunden, 1904.
— — Statistik der elektrischen Eisenbahnen, Drahtseilbahnen und Tram-
ways mit Pferdebetrieb für das Jahr 1903.
— K. k. Finanz-Ministerium:
— — Mitteilungen, Jahrgang X, Heft 1—3.
— — Tabellen zur Währungs-Statistik, Ausgabe 2, Teil 3, 4; Ausgabe 3, Heft 4.
— K. k. Handels-Ministerium:
— — Berichte über die Industrie, den Handel und die Verkehrsverhält-
nisse in Niederösterreich während des Jahres 1903, erstattet von
der n.-ö. Handels- und Gewerbekammer.
— — Nachrichten über Industrie, Handel und Verkehr, Band LXXXIII,
Heft I—III.
— — Statistik des auswärtigen Handels des österreichisch-ungarischen
Zollgebietes im Jahre 1903, Band I, Abt. 1, 2; Band II; Band III.
— — Statistische Übersichten betreffend den auswärtigen Handel des öster-
reichisch-ungarischen Zollgebietes im Jahre 1904, Heft I—XII.
— K. k. Ministerium des Innern:
— — Die Ergebnisse der Gebarung und der Statistik der registrierten
Hilfskassen im Jahre 1902.
— — Die Gebarung über die Ergebnisse der Krankheitsstatistik der
Krankenkassen im Jahre 1902.
— — Die privaten Versicherungsunternehmungen im Jahre 1902.

Wien. K. u. k. Reichs-Kriegs-Ministerium:

— — Das internationale Seerecht, von F. R. v. Attlmeyr, Band I; Band II.

— — Statistik der Sanitätsverhältnisse der Mannschaft des k. u. k. Heeres im Jahre 1903.

— K. k. Statistische Zentral-Kommission:

— — Österreichische Statistik: Band LXV, Heft 1: Die Ergebnisse der Volkszählung vom 31. Dezember 1900; Heft 1: Erweiterte Wohnungsaufnahme; Heft 3: Die Ergebnisse der Volkszählung vom 31. Dezember 1900; 3. Heft: Die Aufnahme der Häuser in den Gemeinden der erweiterten Wohnungsaufnahme; Heft 6 (Supplement): Die Ergebnisse der Volkszählung vom 31. Dezember 1900; Die erweiterte Wohnungsaufnahme und die Aufnahme der Häuser in der Stadt Prag und den Vorortegemeinden; — Band LXVI, Heft 1: Berufsstatistik nach den Ergebnissen der Volkszählung vom 31. Dezember 1900; Heft 1: Analytische Bearbeitung und Reichsübersicht; Heft 6: Berufsstatistik nach den Ergebnissen der Volkszählung vom 31. Dezember 1900; 6. Heft: Triest und Gebiet, Görz, Gradiska, Istrien; Heft 7: Berufsstatistik nach den Ergebnissen der Volkszählung vom 31. Dezember 1900; 7. Heft: Tirol und Vorarlberg; Heft 9; Berufsstatistik nach den Ergebnissen der Volkszählung vom 31. Dezember 1900; 9. Heft: Mähren; Heft 10: Berufsstatistik nach den Ergebnissen der Volkszählung vom 31. Dezember 1900; 10. Heft: Schlesien; Heft 11: Berufsstatistik nach den Ergebnissen der Volkszählung vom 31. Dezember 1900; 11. Heft: Galizien; Heft 12: Berufsstatistik nach den Ergebnissen der Volkszählung vom 31. Dezember 1900; 12. Heft: Bukowina und Dalmatien; — Band LXX, Heft 3: Statistik der Unterrichtsanstalten für das Jahr 1900—1901; — Band LXXI, Heft 1: Die Ergebnisse der Zivilrechtspflege in den Jahren 1900 und 1901 (1. Heft der „Statistik der Rechtspflege" für die Jahre 1900 und 1901); Heft 2: Statistische Nachweisungen über das zivilgerichtliche Depositenwesen, die kummulativen Waisenkassen und über den Geschäftsverkehr der Grundbuchsämter (Veränderungen im Besitz- und Lastenstande) in den Jahren 1900 und 1901; Heft 3: Die Ergebnisse der Strafrechtspflege in den Jahren 1900 und 1901 (3. Heft der „Statistik der Rechtspflege" für die Jahre 1900 und 1901); Heft 4: Statistische Übersichten der Verhältnisse der österreichischen Strafanstalten und der Gerichtsgefängnisse in den Jahren 1900 und 1901; — Band LXXII, Heft 1: Bewegung der Bevölkerung im Jahre 1901; Heft 2: Statistik der Sparkassen für das Jahr 1902; Heft 3: Statistik des Sanitätswesens für das Jahr 1901; — Band LXXIII, Heft 1: Statistik der Unterrichtsanstalten für das Jahr 1901—1902; — Band LXXV, Heft 5: Ergebnisse der gewerblichen Betriebszählung vom 3. Juni 1902. 5. Heft: Steiermark; Heft 6: Ergebnisse der gewerblichen Betriebszählung vom 3. Juni 1902; 6. Heft: Kärnten und Krain; Heft 7: Ergebnisse der gewerblichen Betriebszählung vom 3. Juni 1902; 7. Heft: Küstenland und Dalmatien.

Wien. Niederösterreichische Handels- und Gewerbekammer:

— — Statistische Mitteilungen, Heft 8.

Wiesbaden. Verein für Nassauische Altertumskunde und Geschichtsforschung:

— — Annalen, 1903, Band XXXIII, Heft 2; 1904, Band XXXIV.

— — Mitteilungen, 1903—1904, Heft 1—4.

Würzburg. Historischer Verein von Unterfranken und Aschaffenburg:

— — Archiv, Band XLV.

Zürich. Antiquarische Gesellschaft:

— — Mitteilungen, Band XXVI, Heft 3.

— Schweizerisches Landesmuseum:

— — Anzeiger für schweizerische Altertumskunde, Neue Folge, Band V, 1903—1904, Nr. 4; Band VI, 1904—1905, Nr. 1—3.

— — Jahresbericht 12, 1903.

Kaiserliche Akademie der Wissenschaften in Wien.

Jahrg. 1905.   Nr. XIII.

Sitzung der philosophisch-historischen Klasse vom 17. Mai.

Die Bibliothek des historischen Vereines des Kantons St. Gallen dankt für die geschenkweise erfolgte Ergänzung von Lücken akademischer Publikationen.
Zur Kenntnis.

Die königl. Akademie der Wissenschaften zu Amsterdam übermittelt wie alljährlich mehrere Exemplare des ‚Programma certaminis poetici in Academia regia disciplinarum Neerlandica ex legato Hoeufftiano in annum MCMVI indicti‘.
Zur Kenntnis.

Die königl. Gesellschaft der Wissenschaften zu Leipzig lädt zu der Freitag den 9. Juni l. J. in Leipzig stattfindenden Versammlung des Kartells ein.
Zur Kenntnis.

Der Sekretär überreicht den kürzlich erschienenen VIII. Faszikel des I. Vol. des Thesaurus linguae latinae, Leipzig 1905.

Ferner folgende geschenkweise von den Verfassern übermittelte Druckwerke, und zwar:

1. ‚La France et le Siam. Communication faite à la Société dans la Séance du 31 Octobre 1897 par Parfait-Charles Lepesqueur. Paris-Rouen 1897‘;

2. Bruno: ‚Théorie exacte et notation finale de la Musique. Porto 1903.‘

Es wird hierfür der Dank der Klasse ausgesprochen.

Die königl. preuß. Akademie der Wissenschaften zu Berlin erklärt ihre Geneigtheit, sich an der Herausgabe des Mahâbhârata durch die internationale Assoziation der Akademien zu beteiligen. Als ihren Vertreter in der Überwachungskommission designiert dieselbe ihr ordentliches Mitglied Herrn Professor Dr. Pischel.

Zur Kenntnis.

Der Präsident des russischen Komitees der Association internationale pour l'exploration de l'Asie Centrale et de l'extrême Orient, Herr W. Radloff in St. Petersburg, übersendet das IV. Bulletin (vom März 1905) und bringt die Gründung eines österreichischen Lokalkomitees in Anregung.

Jahrg. 1905.   Nr. XIV.

Sitzung der philosophisch-historischen Klasse vom 24. Mai.

Frau Emma **Krall** spricht der kais. Akademie für die ihr anläßlich des Ablebens ihres Gatten, des k. M. Herrn Professors Dr. Jakob Krall, bewiesene Teilnahme den Dank aus. Zur Kenntnis.

Der Sekretär legt die an die Klasse gelangten Druckwerke vor, und zwar:

1. ‚Was ist Philosophie? Was ist Geschichte der Philosophie? Von Viktor **Geisler**. Berlin 1905‘, vom Autor übersendet;

2. ‚In che stadio si trovi oggi la questione Etrusca. Communicazione del prof. Basilio **Modestov**. Roma 1905‘, gleichfalls Geschenk des Verfassers;

3. ‚Deutsche Volkskunde aus dem östlichen Böhmen von Dr. Eduard **Langer**. 1905. IV. Band, 4. Heft‘;

4. ‚Feldmarschall Johannes Fürst von Liechtenstein. Eine Biographie von Oskar **Criste**. Herausgegeben und verlegt von der Gesellschaft für neuere Geschichte Österreichs. Wien 1905‘;

5. ‚Un texte Arabico-Malgache du XVIe siècle transcrit, traduit et annoté d'après les mss. 7 et 8 de la Bibliothèque Nationale par M. Gabriel **Ferrand**, Consul de France. (Tiré des notices et extraits des manuscrits de la Bibliothèque Na-

tionale et autres bibliothèques, tome XXXVIII.) Paris 1904', Geschenk des Herausgebers, vermittelt durch das w. M. Hofrat Reinisch.

Es wird für diese Sendungen der Dank der Klasse ausgesprochen.

_____

Das Rektorat der k. k. Universität und die Direktion der k. k. Universitätsbibliothek in Lemberg machen Mitteilung von der am 22. Mai l. J. erfolgten feierlichen Eröffnung des neuen Bibliotheksgebäudes.

Zur Kenntnis.

_____

Die Académie Royale des Sciences, des Lettres et des Beaux-Arts de Belgique in Brüssel bedauert, sich an der durch die internationale Assoziation der Akademien geplanten Herausgabe des Mahâbhârata nicht beteiligen zu können.

Die königl. sächsische Gesellschaft der Wissenschaften zu Leipzig erklärt sich bereit, an dieser Edition teilzunehmen, und zwar unter Bewilligung eines jährlichen Kostenbeitrages von 500 Mark, zunächst auf drei Jahre.

Zur Kenntnis.

Jahrg. 1905.   Nr. XV.

Sitzung der philosophisch-historischen Klasse vom 7. Juni.

Seine Exzellenz, der vorsitzende Vizepräsident, macht Mitteilung von dem heute zu Florenz erfolgten Ableben des wirklichen Mitgliedes der Klasse, Herrn Hofrates Professors Dr. Adolf Mussafia.

Die Mitglieder erheben sich zum Zeichen ihres Beileides von den Sitzen.

Der Sekretär legt die an die Klasse gelangten Druckwerke vor, und zwar:

1. ‚I Lopez. Notizie storiche e genealogiche di Giacomo Licata Lopez de Merkel. Girgenti 1905‘, vom Autor eingesendet;

2. ‚Urkredit, ein billiger und einfacher Hypothekarkredit. Von Hans Swatek, 1904‘;

3. ‚Der energetische Mutualismus. Philosophische Aphorismen von Franz Graf Marenzi (S.-A. aus dem Archiv für systematische Philosophie, XI. Bd., 1. Heft, 1905)‘; überreicht vom Verfasser.

4. ‚Katholischer Glaube und die Entwicklung des Geisteslebens. Von Dr. Karl Gebert. München 1905‘;

5. ‚Atti della Accademia scientifica Veneto-Trentino-Istriana. Nuova serie I. 1. Padova 1904‘;

6. ‚Zemské sněmy a sjezdy Moravské. Von Franz Kameniček. Brünn 1905‘.

Es wird hierfür der Dank ausgesprochen.

72

Der Sekretär legt die von Herrn Ulysse Chevalier, Correspondant de l'Institut in Paris, teils als Verfasser, teils als Herausgeber übersandten **Werke** vor, und zwar

1. Ordinaires de l'église cathédrale de Laon (XIIe et XIIIe siècles) suivis de deux Mystères liturgiques publiés d'après les manuscrits originaux. Paris 1897;

2. Actes anciens et Documents, concernant le bienheureux Urbain V Papa, sa famille, sa personne, son pontificat, ses miracles et son culte, recueillis par feu M. le Chanoine I.-H. Albanès. Tome premier. Paris-Marseille 1897;

3. Cartulaire de l'Abbaye de Saint Bernard de Romans. Nouvelle édition complète d'après de manuscrit original classée par ordre chronologique. Ière Partie (817—1093). Romans 1898;

4. Gallia christiana novissima. Histoire des archevêchés, évêchés et abbayes de France. Tome I. (Aix, Apt, Fréjus, Gap, Riez et Sisteron.) Montbéliard 1899. — Tome II. (Marseille. Évêques, Prévots, Statuts.) Valence 1899. — Tome III. (Arles. Archevêques, Conciles, Prévots, Statuts.) Valence 1900;

5. Sacramentaire et Martyrologe de l'abbaye de Saint-Remy. Martyrologe, Calendrier, Ordinaires et Prosaire de la métropole de Reims (VIIIe—XIIIe siècles) publiés d'après les manuscrits de Paris, Londres, Reims et Assise. Paris 1900;

6. Apringius de Béja. Son Commentaire de l'Apocalypse, écrit sous Theudis, Roi des Wisigoths (531—548). Publié pour la première fois d'après le manuscrit unique de l'Université de Copenhague par Dom Marius Férotin. Paris 1900;

7. Tropaire-Prosier de l'abbaye Saint-Martin de Montauriol publié d'après le manuscrit original (XIe—XIIIe siècles) par l'Abbé Camille Daux. Paris 1901.

8. L'abjuration de Jeanne d'Arc au cimetière de Saint-Ouen et l'authenticité de sa formule. Étude critique. Paris 1902.

9. Autour des origines du Suaire de Lirey avec documents inédits. Paris 1903.

10. Repertorium Hymnologicum. Catalogue des chants, hymnes, proses, séquences, tropes en usage dans l'église latine depuis les origines jusqu'à nos jours. Tome III (A—Z. Nos.

22257 — 34827). Extrait des Analecta Bollandiana. Louvain 1904.

11. Jeanne d'Arc. Bio-Bibliographie. Valence 1905.

Es wird hierfür der Dank der Klasse ausgesprochen.

Der Sekretär verliest eine Zuschrift des Herrn Professors Franz Reininger in St. Pölten, worin dieser auf historische Aufzeichnungen aufmerksam macht, die sich in der alten Klosterbibliothek vorgefunden haben.

Wird der historischen Kommission abgetreten.

Die Académie royale des sciences, des lettres et des beaux-arts de Belgique in Brüssel übermittelt einen für die Generalversammlung der internationalen Assoziation der Akademien zu Wien 1907 bestimmten Antrag ihres Mitgliedes Professors Paul Fredericq, betreffs Einleitung von Schritten bei den betreffenden Regierungen, damit die öffentlichen Bibliotheken, Archive und Museen eingeladen werden, ihre fremdsprachlichen Manuskripte, ihre Unika, Kartenwerke, Stadtpläne, Gemälde, Porträts etc. zu verzeichnen.

Zur Kenntnis.

Endlich bringt der Sekretär mehrere in Angelegenheit der Herausgabe des Mahâbhârata durch die internationale Assoziation eingelangte Zuschriften zur Verlesung, und zwar:

1. von der Real Accademia dei Lincei in Rom, welche sich an dieser Ausgabe mit einem jährlichen Kostenbeitrage von 200 Lire, und zwar auf die Dauer von fünf Jahren, zu beteiligen bereit erklärt;

2. von der königl. sächsischen Gesellschaft der Wissenschaften zu Leipzig, welche in Ergänzung ihrer früheren Mitteilung Herrn Geheimrat Professor Dr. E. Windisch als ihren Vertreter in der Kommission bezeichnet;

3. von der königl. bayrischen Akademie der Wissenschaften zu München, welche zu der bevorstehenden Nürnberger Konferenz Herrn Professor Dr. E. Kuhn delegiert;

4. von der königl. niederländischen Akademie der Wissenschaften zu Amsterdam, welche zu dieser Konferenz Herrn Professor Dr. J. S. Speijer als ihren Vertreter entsendet.
Zur Kenntnis.

Die kais. Akademie der Wissenschaften hat durch ihre philosophisch-historische Klasse folgende Subventionen bewilligt:

a) Herrn Professor Dr. Heinrich Schenkl in Graz zu einer Reise nach England und Frankreich behufs Beschaffung des noch fehlenden handschriftlichen Materiales für seine Ausgabe der Reden des Themistius und Himerius 600 K;

b) dem Privatdozenten Herrn Dr. Ludo M. Hartmann in Wien zur Fortsetzung und Abschließung seiner Forschungen für die Herausgabe des letzten Teiles seines ,Tabularium S. Mariae in via lata' 400 K;

c) dem k. M. Herrn Professor Dr. Johann Loserth in Graz zur Durchforschung von Archiven in Ungarn und Kroatien behufs Herausgabe des II. Teiles seiner Arbeit: ,Akten und Korrespondenzen zur Geschichte der Gegenreformation in Innerösterreich unter Ferdinand II.' 700 K;

d) Herrn Dr. Friedrich Hrozný in Wien zu einer Reise nach Konstantinopel behufs Nachkollation der von ihm entzifferten Keilschrifttexte von Taʿannek sowie zur Aufnahme von Photographien und zur Herstellung der betreffenden Tafeln 885 K.

e) der prähistorischen Kommission, wie alljährlich 1000 K, und zwar 400 K für Ausgrabungszwecke und 600 K zur Herausgabe ihrer ,Mitteilungen'.

Jahrg. 1905. Nr. XVI.

Sitzung der philosophisch-historischen Klasse vom 21. Juni.

Seine Exzellenz der Vorsitzende gibt dem schweren Verluste Ausdruck, den die kais. Akademie durch das Ableben dreier korrespondierender Mitglieder im Inlande erlitten hat, und zwar der Herren P. Heinrich Denifle, Subarchivars des heil. Stuhles in Rom, gestorben am 10. Juni l. J., Regierungsrats Professors Dr. Wenzel Ritter von Tomek in Prag, gestorben am 13. Juni l. J., und Professors Dr. Alois Riegl in Wien, gestorben am 19. Juni l. J.

Die Mitglieder erheben sich zum Zeichen ihres Beileides von den Sitzen.

Der Sekretär verliest folgende an den Präsidenten der kais. Akademie gerichtete Zuschrift des Sekretariats Sr. kais. und königl. Hoheit des durchlauchtigsten Herrn Erzherzog-Kurators: ‚Seine kais. und königl. Hoheit haben mit Schmerzen das Hinscheiden des wirklichen Mitgliedes der kais. Akademie der Wissenschaften, Adolf Mussafia, vernommen und ermessen den schweren Verlust, den sowohl die Akademie als auch die Hochschule durch den Tod des großen Gelehrten und des hervorragenden Lehrers erleiden. Mit dem Gefühle der innigsten Teilnahme bitten daher Seine kais. und königl. Hoheit Euer Hochwohlgeboren, der kais. Akademie der Wissenschaften Höchstsein tiefes Beileid bekanntgeben zu wollen.‘

Der Sekretär verliest ferner einen Brief des korrespondierenden Mitgliedes im Auslande, Herrn Senators Professors Dr. Domenico Comparetti in Florenz, welcher namens der kais. Akademie einen Lorbeerkranz am Sarge Adolf Mussafias niedergelegt hat.

Der Sekretär verliest das Dankschreiben des Herrn Professors Dr. Heinrich Schenkl in Graz für die ihm zur Beschaffung des noch fehlenden handschriftlichen Materials für eine Ausgabe der Reden des Themistius und Himerius bewilligte Reisesubvention.

Zur Kenntnis.

Professor Dr. Ludwig Wahrmund in Innsbruck übersendet ein Exemplar des mit Unterstützung aus der Savignystiftung gedruckten Werkes ‚Quellen zur Geschichte des römisch-kanonischen Prozesses im Mittelalter. I. Band, 1. Heft: Die Summa libellorum des Bernardus Dorna. Innsbruck 1905'.

Zur Kenntnis.

Die k. k. böhmische Statthalterei in Prag übersendet den XII. Band des Werkes ‚Studienstiftungen im Königreiche Böhmen (1889—1892), Prag 1905'.

Es wird hierfür der Dank ausgesprochen.

Das w. M. Herr Hofrat Dr. Johann von Kelle in Prag übersendet eine für die Sitzungsberichte bestimmte Abhandlung unter dem Titel: ‚Untersuchungen über den nicht nachweisbaren Honorius Augustodunensis ecclesiae presbiter et scholasticus und die ihm zugeschriebenen Werke' und schreibt über dieselbe:

Daß das Schlußkapitel des dem Honorius zugeschriebenen Werkes De luminaribus ecclesiae nicht von dem in diesem Kapitel behandelten Honorius verfaßt sein kann, was bisher fast allgemein angenommen worden ist, ergibt sich unwiderleglich aus dem, was in diesem Kapitel über die Persönlichkeit des Honorius gesagt wird. Es nennt ihn Augustodunensis ecclesiae presbiter et scholasticus. Vom 10. Jahrhundert an wird nämlich die Kirche von Autun in Urkunden ausschließlich ecclesia Eduensis genannt, der Name Augustodunensis kann daher auf keinen Fall von Honorius herrühren, der, wenn er der Kathedralkirche von Autun angehörte, doch wohl den Namen derselben kennen mußte und einen außer Gebrauch gekommenen ebensowenig verwenden konnte, wie er von sich zu sagen imstande war, er sei presbiter et scholasticus ge-

wesen. Presbiter et scholasticus ist nämlich eine ganz un-
richtige Verbindung. Wenn aber das im Schlußkapitel von
De luminaribus ecclesiae über die Persönlichkeit des Honorius
Gesagte nicht von diesem herrührt, so kann ihm nicht jene
Glaubwürdigkeit zuerkannt werden, die ihm, wenn es ein
Selbstzeugnis des Autors wäre, zukäme.

Gleichwohl wurde, was dort über die Persönlichkeit des
Honorius steht, bisher immer als richtig angenommen, ja man
versuchte diese erste Nachricht, welche über den Augustodunensis ecclesiae presbiter auftauchte, zu einer biographischen
Skizze auszugestalten, ungeachtet es einen Honorius Augustodunensis ecclesiae presbiter, von dem behauptet
wurde, ,daß für Verbreitung französischer Theologie in Deutschland niemand erfolgreicher tätig gewesen ist wie er‘, im
ganzen 12. Jahrhundert bei der Kathedralkirche von
Autun nicht gegeben hat. Überhaupt wird erst im Jahre
1288 wieder eine Schule zu Autun erwähnt. Der Verfasser
des Schlußkapitels von De luminaribus ecclesiae hat den Namen
Honorius ohne Zweifel aus einem der weitverbreiteten Werke
gekannt, die von den Handschriften unter diesem Namen über-
liefert wurden. Es läßt sich auch vermuten, was zu der Annahme geführt hat, daß dieser in vielen Handschriften genannte
Honorius ein Scholasticus gewesen sei. Worin aber die Veranlassung lag, diesen Scholasticus der Augustodunensis ecclesia
zuzuweisen, ist nicht zu erraten. In den Handschriften, welche
die ihm zugeschriebenen Werke überliefern, ist er nirgends
Augustodunensis genannt, mit welchem Ausdruck nur Autun
in Burgund, nicht aber, wie behauptet wurde, Augst bei Basel
oder Augsburg bezeichnet ist. Auch außerhalb Autuns hat
man bisher einen Scholasticus Honorius nicht nachzuweisen
vermocht; ja es ist nicht einmal gelungen, ein historisches
Zeugnis dafür aufzufinden, daß irgendwo ein Scholasticus
dieses Namens gelebt hat. Es lassen sich aber wenigstens aus
den Überschriften von zwei Handschriften des einem Honorius
zugeschriebenen Speculum ecclesiae Anhaltspunkte gewinnen,
um festzustellen, daß dieses Werk in England, und zwar in
Canterbury entstanden ist und einmal von einem Schreiber
einem irischen Klausner Honorius zugeschrieben wurde. Durch
die Landsleute des Klausners kam diese in England entstandene

Vermutung nach dem Festlande, wo sie Verbreitung fand und
wo dann dem vermeintlichen Verfasser des Speculum ecclesiae
eine große Zahl von verschiedenen Autoren verfaßter, anonym
überlieferter Werke zugesprochen wurde, und wo schon früh-
zeitig alle diese Werke in dem Verzeichnis zusammengestellt
worden sind, das in dem Schlußkapitel des irrtümlich dem Honorius Augustodunensis zugeschriebenen Werkes De luminaribus
ecclesiae enthalten ist.

Die Abhandlung wird in die Sitzungsberichte aufgenommen.

———————

Der Sekretär verliest mehrere auf die geplante kritische
Ausgabe des Mahâbhârata bezügliche Zuschriften, und zwar:

1. von der Académie des inscriptions et belles-lettres in
Paris, welche zu der Nürnberger Konferenz Herrn Sénart
entsendet;

2. von der königl. Gesellschaft der Wissenschaften in
Göttingen, welche hierzu Herrn geheimen Regierungsrat Professor Dr. Kielhorn delegiert hat;

3. von der königl. preußischen Akademie der Wissenschaften zu Berlin, deren Vertreter bei dieser Konferenz Herr
geheimer Regierungsrat Professor Dr. Pischel ist;

4. von der Académie Royale des sciences, des Iettres et
des beaux-arts de Belgique in Brüssel und

5. von der Real Accademia dei Lincei in Rom, welche
bedauern, keinen Delegierten zu dieser Konferenz entsenden
zu können.

Im Anschlusse daran erstattet das w. M. Herr Professor
von Schroeder einen mündlichen Bericht über die am 16.
d. M. zu Nürnberg abgehaltene Konferenz.

Zur Kenntnis.

Kaiserliche Akademie der Wissenschaften in Wien.

Jahrg. 1905.   Nr. XVII.

Sitzung der philosophisch-historischen Klasse vom 5. Juli.

Der Sekretär, Herr Hofrat Ritter von Karabacek, überreicht das 5. Bulletin der ‚Association internationale pour l'exploration historique, archéologique, linguistique et ethnographique de l'Asie Centrale et de l'Extrême Orient‘, übersendet
vom Obmanne des russischen Komitees, Herrn W. Radloff
in St. Petersburg.
Zur Kenntnis.

Der Sekretär überreicht ferner das vom Herausgeber,
Herrn Dr. Viktor Junk, zweitem Aktuar der kais. Akademie
der Wissenschaften in Wien, für die akademische Bibliothek
gewidmete Werk: ‚Rudolfs von Ems Willelhalm von Orlens,
herausgegeben aus dem Wasserburger Kodex der fürstlich
Fürstenbergischen Hofbibliothek zu Donaueschingen. Mit drei
Tafeln in Lichtdruck. Berlin 1905 (Deutsche Texte des Mittelalters, herausgegeben von der königlich preußischen Akademie
der Wissenschaften, Band II).‘
Es wird hiefür der Dank der Klasse ausgesprochen.

Die Direktion des Lazarewschen Institutes für orienta-
lische Sprachen in Moskau übermittelt die Modalitäten der
Ausschreibung zweier Preise â 1000 Rubel für die beiden
Themata:

1. Geschichte der armenischen Kolonisation in Verbindung mit einer historischen Übersicht über die einzelnen Kolonien vom Ausgange der armenischen Arsaciden an bis auf unsere Zeit.
2. Politische und kulturelle Wechselbeziehungen der Armenier und Georgier von den ältesten Zeiten an bis zur Vereinigung Georgiens mit Rußland.

Zur Kenntnis.

————

Der Generalsekretär des ‚Congrès international d'expansion économique mondiale‘, Herr van Overbergh, Generaldirektor für höheren Unterricht im Ministerium der Unterrichts- und öffentlichen Angelegenheiten in Brüssel, übermittelt eine Einladung an die kais. Akademie zur Teilnahme an dem genannten, im September l. J. zu Mons in Belgien tagenden Kongresse.

Zur Kenntnis.

————

Der Vorsitzende der Gesellschaft für neuere Geschichte Österreichs in Wien übermittelt einen Bericht des Herrn Alexander Bayerle, Pfarrers in Pottschach, betreffs dort vorbaudener Urbarialaufzeichnungen.

Wird der Weistümer- und Urbarkommission abgetreten.

————

Herr Dr. Friedrich Hrozný in Wien übersendet einen kurzen Bericht über seine mit Unterstützung der Klasse ausgeführte Reise nach Konstantinopel zwecks neuerlicher Kollationierung der von ihm entzifferten Keilschrifttexte von Taʻannek.

Zur Kenntnis.

————

Der Sekretär legt eine vom Verfasser, Herrn Dr. Alois Winiarz, Privatdozent und Sekretär der k. k. Universität in Lemberg, mit der Bitte um Aufnahme in die akademischen Schriften übersandte Abhandlung vor, betitelt: ‚Erbleihe und Rentenkauf in Österreich ob und unter der Enns des Mittelalters.‘

Die Abhandlung wird zunächst einer Kommission zur Begutachtung zugewiesen.

Schließlich überreicht das w. M. Herr Sektionschef Dr. Otto Benndorf einen Bericht des Sekretärs des k. k. österr. archäologischen Institutes, Professors Dr. Rudolf Heberdey in Wien, über die ephesischen Grabungen im Jahre 1904.

Dieser Bericht lautet:

Für die in den Monaten September-November 1904 unternommenen Grabungen in Ephesus, während deren mir außer der bewährten Unterstützung W. Wilbergs auch der Institutssekretär Dr. Josef Keil zur Seite stand, ergab sich nach den Resultaten des Vorjahres (vgl. Anzeiger der kais. Akademie der Wissenschaften 1904, Nr. IX, Jahresh. VII, Beibl. Sp. 37 ff.) als erste Aufgabe die vollständige Aufdeckung der Celsusbibliothek. Fig. 1 zeigt, was von dem Gebäude in situ erhalten ist, Fig. 2 gibt nach W. Wilbergs Aufnahme einen vorläufig nur die Hauptelemente berücksichtigenden Grundriß.

Von einem kleinen freien Platze im Südosten der griechischen Agora führt eine fünfstufige, ca. 18 m breite, von zwei Statuenbasen flankierte Freitreppe von Osten her vor eine reichgeschmückte zweistöckige Fassade, durch deren drei Türen man den 16·50 m breiten, 11 m tiefen Büchersaal betritt. Der Mitteltür gegenüber springt eine 4·50 m breite Apsis nach Westen vor, im übrigen umschließen ihn gerade Wände. An ihrem Fuße verläuft ein durchgehender, ca. 1 m hoher, 1·20 m breiter Sockel, dessen obere Abschlußplatten die Aufstandspuren einer in geringem Abstande von der Wand angeordneten Säulenstellung tragen, die, wie eine in situ vorgefundene Basis beweist, auch der Rundung der Mittelapsis folgte. In die Wände selbst sind in regelmäßigen Abständen 0·50 m tiefe, viereckige Nischen von 2·80 m Höhe und 1 m Breite eingetieft, je drei an der Nord- und Südseite, je zwei zu beiden Seiten der Apsis. Sockel und Wände waren, wie der Fußboden, mit verschiedenfarbigen Marmorplatten belegt; geringe Reste über dem Sockel zeigen, daß die viereckigen Nischen von einem flachen Gesimse nach Art eines Türgewändes umrahmt waren, während ihr Inneres einfach verputzt war. Der Bestimmung des Gebäudes entsprechend, sind in den viereckigen Nischen hölzerne Schränke für die Bücherrollen vorauszusetzen, eine Einrichtung, die aufs beste den Ausdruck der Digesten XXX, 41, 9 ‚bibliothecis parietibus inhaerentibus‘ zu erläutern geeignet ist; in der

Mittelapsis stand wohl eine Kolossalfigur, kaum des Celsus, der durch die zwei Statuen zu beiden Seiten der Freitreppe genügend vertreten war, wahrscheinlich vielmehr der Athena nach Analogie der pergamenischen Bibliothek (vgl. auch Juvenal III, 219); Standspuren haben sich allerdings nicht nachweisen lassen.

Die Gesamthöhe des Bauwerkes läßt sich nach der Außen-fassade auf ca. 16 m bestimmen; da andererseits an der Westwand die Stockwerkhöhe der Innenarchitektur mit ca. 5 m zu messen möglich ist, ergibt sich, daß wahrscheinlich drei Reihen von Wandkästen übereinander vorhanden waren. Die vor ihnen angeordnete Säulendekoration dürfte wohl nur zwei Stockwerke besessen haben, über denen durch eine attikaartige Balustrade ein gesicherter Umgang vor der obersten Kastenreihe hergestellt war. Bestimmtes wird sich indes hierfür kaum je feststellen lassen, da außer dem Wandsockel und der einen in situ liegenden Säulenbasis keinerlei Rest der Innenarchitektur erhalten ist. Sicher ist dagegen wieder, daß keine mittlere Stützenstellung im Innern vorhanden war; eine mächtige freie Deckenkonstruktion überdachte den ganzen Saal. In der G. Niemann verdankten vorläufigen Rekonstruktionsskizze Fig. 3 ist Oberlicht in der Mitte angenommen; dies ist zwar von vorneherein wahrscheinlich, indes doch insolange nicht gesichert, als die noch nicht durchgeführte Rekonstruktion der Fassade die Möglichkeit einer Lichtzufuhr durch Fenster in ihrem zweiten Stockwerke offen läßt.

Eine auffällige Besonderheit der Anlage bleibt noch zu erwähnen: die den Saal umschließenden Wände mit den Bücherkästen dienen nicht zugleich als Außenwände des Gebäudes; als solche sind vielmehr in ca. 1 m Abstand hinter ihnen besondere Mauern aufgeführt, so daß dazwischen ein schmaler Gang entsteht, der nur in der Mitte der Westwand durch die nach außen vorspringende Apsismauer unterbrochen wird. Zweck dieser Einrichtung ist offenbar, durch die hinter den Bücherwänden frei zirkulierende Luft die Bücher vor dem schädlichen Einflusse der Erdfeuchtigkeit zu bewahren, der um so mehr zu befürchten war, als die Bibliothek nach Süden wie nach Westen an hochanstehendes Terrain angebaut war. Eine Parallele hierzu liegt in der pergamenischen Bibliothek

vor, in der gleichfalls der die Bücherregale tragende Stein-
sockel von der Außenmauer durch einen schmalen Umgang
getrennt ist. (Vgl. Altertümer von Pergamon II, S. 70.) Daß
man bei Anlage von Bibliotheken diesem Gesichtspunkte
Rechnung trug, bezeugt auch die übrigens in Ephesus zum
ersten Male nachweisbar befolgte Vorschrift Vitruvs VI. 4, 1
‚cubicula et bybliothecae ad orientem spectare debent;
usus enim matutinum postulat lumen, item in bybliothecis
libri non putrescent'. Vom Ostende beider Gänge führen
schmale Türen, deren Schwellen noch in situ liegen, auf die
Oberfläche des Sockels der Innenarchitektur und ermöglichen
so, zu den Bücherkästen des untersten Geschosses zu gelangen. Vermutlich waren in diesen Gängen auch durch Holz-
treppen Aufgänge zu den oberen Stockwerken hergestellt;
doch haben sich in dem bisher allein völlig freigelegten nördlichen Gange sichere Spuren nicht erhalten. Dagegen gelangt
man an seinem Westende über einige Treppenstufen in eine
im Fundamente unter der Mittelapsis angelegte überwölbte
Grabkammer, in der sich ein wohlerhaltener Sarkophag aus
weißem Marmor vorfand. Er ist knapp an die Wände der
Südwestecke angerückt, so daß seine an allen vier Seiten angebrachte Reliefdekoration — Guirlanden von Niken und Eroten
getragen — nur an je einer Schmal- und Langseite sichtbar
ist; der Deckel ist in üblicher Weise als Giebeldach gestaltet.

Von den am Gebäude angebrachten Inschriften sind besonders wichtig zwei an der Ostfassade an hervorragender Stelle
eingeschriebene Texte. Der eine, rechts von der Mitteltür auf
drei Quadern eingemeißelt, ist leider in dem interessantesten
mittleren Teile hoffnungslos zerstört, so daß hier nur Anfang
und Schluß wiederzugeben lohnt:

Τιβ(ερίω) Ἰουλίω Κέλσω Π]ολεμαιανῶ, ὑπάτω,
ἀνθυπάτω Ἀσί]ας Τιβ(έριος] Ἰούλιος Ἀκύλας
Πολεμαι]ανός, ὕπατος, ὁ υἱός, τὴν Κέλσι-
ανὴ]ν βιβλιοθήκην κατ[ε]σκεύασεν ἐκ τῶν
5 ἰδίων] σὺν παντὶ τῶ κόσ[μω] καὶ ἀναθήμασι
καὶ βιβλ]ίοις. Κατέλιπε δὲ κ[αὶ εἰ]ς ἐπισκευὴν αὐτῆς
καὶ ἀγορὰ]ν βυβλίων (δηναρίων) [μυρ]ιάδας δύο ἥμισυ, ἐξ ὧν ὑφη-
8 γηθήσεται αὐ]τῆ . . . .

23 . . . . ἀ]παρτισάντων τῶν

τοῦ Ἀκύλα κληρονόμων, τὸ ἔργο[ν καθιερώσα]ντος κατὰ διαθήκην

25 Τιβ(ερίου) Κλαυδίου Ἀριστίωνος τρὶς [Ἀσιάρ]χου.

Dazu kommt die fast vollständig wiedergefundene Architravinschrift des ersten Stockwerkes der Fassade:

Τι(βέριον) Ἰού[λιον Κέλσον Πολεμαιανόν,

ὕπατον, ἀνθύπατον Ἀσίας.

Τι(βέριος) Ἰούλιος Ἀκύλας, ὁ υἱὸς

κ[α]τεσκεύασεν τὴν βιβλιοθήκην

5 ἀπα]ρτ[ισάντ]ων τῶν Ἀκύλα

κ[λη]ρ[ονόμων, καθιερώσα]ντος

Τι(βερίου) Κλαυδίου Ἀριστίωνος γ Ἀσιάρχου.

Auffällig sind die jeder syntaktischen Konstruktion widerstrebenden Akkusative im Eingange; es ist nicht ausgeschlossen, daß die noch nicht freigelegte Südaußenwand ähnlich wie die Ostfront mit einer Säulenfassade geschmückt war und uns nur der Schluß einer über beide sich erstreckenden Inschrift erhalten ist.

Durch diese Inschriften ist zunächst die Benennung des Bauwerkes als Bibliothek gesichert, weiterhin aber auch ermöglicht, die Bauzeit mit annähernder Genauigkeit zu ermitteln. Ti. Julius Celsus Polemaeanus, der Vater des Stifters, war 92 n. Chr. Konsul (PIR II 186 Nr. 176, Klein, Fasti 50) und gelangte vermutlich 106/7 n. Chr. zum Prokonsulate von Asien, vgl. Jahresh. VII, 2. Heft. Damit ist ein sicherer terminus post quem gegeben. Veranlassung zur Stiftung gab augenscheinlich sein Tod, der nicht allzulange nach dem Prokonsulate anzusetzen sein dürfte, da der Kopf der wiedergefundenen Porträtstatue die Züge eines zwar reifen, aber keineswegs alten Mannes trägt. In der Grabkammer unter der Apsis hat also Ti. Julius Aquila den Vater begraben, daher sie denn auch, wie der Grundriß lehrt, schon im ursprünglichen Plane vorgesehen war. Ganz ebenso hat Dio von Prusa in der von ihm seiner Vaterstadt erbauten Bibliothek seiner Frau und seinem Sohne die letzte Ruhestätte bereitet (Plin. Ep. ad Trai. 81, 7). In beiden Fällen schließen sich die Bibliotheken ganz analog an Heroa an, wie in Pergamon, Rom und anderwärts an Göttertempel. Darnach wird man Konzeption und Beginn des Baues

wohl noch in das erste Jahrzehnt des 2. Jahrhunderts n. Chr.
versetzen dürfen; wann die Vollendung erfolgte, ist nicht genauer zu bestimmen, da weder Konsulat oder Tod des Aquila,
noch die Lebenszeit des Asiarchen Ti. Claudius Aristion chrono-
logisch genau zu fixieren sind; doch zwingt nichts, über die
traianische Zeit herabzugehen.

Uber die Schicksale des Baues in den Jahrhunderten des
Niederganges wird erst der Fortgang der Grabung helleres
Licht verbreiten; noch in spätantiker Zeit muß er bereits
seiner Bestimmung entfremdet gewesen sein. Von einem Gebäude, das damals südlich anstoßend im Niveau des ersten
Geschosses der Innenarchitektur errichtet wurde, rührt die in
den Plan eingetragene Säulenstellung sowie mehrfache erst
später und bisher nur zum Teile ausgegrabene Mauerzüge über
den Südwänden her. Vielleicht schon damals wurde die ganze
Innenausstattung vollständig beseitigt, weshalb auch nur ganz
unbedeutende Reste davon auf uns gekommen sind. Sicherlich
geschah dies, als man in christlicher Zeit die Türen der Fassade
vermauerte und den Büchersaal bis zur Höhe des ersten Geschosses mit Bauschutt auffüllte. Zu dieser Zeit diente die
Fassade nur mehr als dekorativer Hintergrund eines an Stelle
der Freitreppe angelegten Wasserbassins, an dessen Vorderwand
die Reliefs vom Partherdenkmal des Marc Aurel versetzt wurden, worüber bereits Anzeiger 1904, Nr. IX, 14 ff., Jahresh. VII,
Beibl. berichtet ist. Auf diese Umgestaltung bezieht sich vermutlich das in die Wand des zweiten Stockwerkes einge-
meißelte Distichon:

$$\dagger \; \Delta \acute{\epsilon} \rho \varkappa[\epsilon o, \; \pi \tilde{\omega} \varsigma \; \varkappa \acute{o} \sigma \mu.] \eta \sigma \epsilon \; \tau \acute{o} \sigma o \iota \varsigma \; \chi \rho \upsilon \sigma \alpha \upsilon \gamma \acute{\epsilon} \sigma \iota \nu \; \acute{\epsilon} \rho \gamma o \iota \varsigma$$
$$K \alpha \grave{\iota} \; [\Sigma \tau \acute{\epsilon} \varphi \alpha \nu o \varsigma] \; \Pi \tau \epsilon \lambda \acute{\epsilon} \eta \nu^{1} \; \varkappa \alpha \grave{\iota} \; \Pi \tau \epsilon \lambda \acute{\epsilon}[\eta] \; \Sigma \tau \acute{\epsilon} \varphi \alpha \nu o \nu. \; \dagger$$

Neben der Bibliothek erwähnt die im vorigen Berichte
(Anzeiger, S. 14, Jahresh. VII, Beibl. Sp. 52) veröffentlichte In-
schrift auch ein Auditorium, dessen Lage aus der Terrain-
gestaltung am Nordhange des Bülbüldagh erschließbar schien.
Eine Nachgrabung an der betreffenden Stelle bestätigte diese
Vermutung nicht, führte aber zur Aufdeckung der südlichen
Fortsetzung der Straße, die westlich unter der Theaterterrasse

---

[1] Πτελέη, alter Name von Ephesus, vgl. Steph. Byz. s. v. Ἔφεσος und
Πτελέα und die Belege bei Pape.

vorbeipassiert. Ungefähr östlich gegenüber der Bibliothek ver-
läßt sie ihre bisherige nordsüdliche Richtung und wendet sich
in scharfem Bogen nach Osten; an der Biegung zweigt eine
steile Bergstraße nach Süden ab, während die Hauptstraße allmählich ansteigend im Tale zwischen Panajirdagh und Bülbüldagh in der Richtung auf das magnesische Tor zu verläuft.

Die Einmündungsstelle der Nebenstraße ziert ein drei-
toriges Propylon, das nach den Resten der Weihinschrift aus
dem zweiten nachchristlichen Jahrhunderte stammen dürfte.
Unter seinen Trümmern kam eine viereckige Basis zutage,
welche nachstehende Inschrift trägt, die als Dokument für den
Kampf zwischen Heidentum und Christianismus nicht des
Interesses entbehrt.

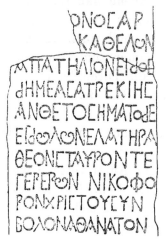

Δαίμ.]ονος Ἀρ[τέμιδος] καθελὼν ἀπατήλιον
εἶδος
Δημέας ἀτρεκίης ἄνθετο σῆμα τόδε,
Εἰδώλων ἐλατῆρα Θεὸν σταυρόν τε γερέρων,
Νικοφόρον Χριστοῦ σύνβολον ἀθάνατον.

Fig. 4.

Aus der Inschrift erhellt, daß auf der Basis eine Bildsäule
der Artemis stand, die ein Christ Demeas beseitigte, um an
ihrer statt ein Kreuz aufzustellen.

Unmittelbar östlich schließt an das Propylon im Süden
der Hauptstraße ein Bauwerk an, von dem ein Teil des Unter-
baues niemals ganz verschüttet war und seit E. Curtius unter
der Bezeichnung 'Stadtquelle' bekannt ist. Auf einem viereckigen Kalksteinsockel erhebt sich ein massiver Marmorober-
bau, dessen Wände mit Ausnahme der glatt gehaltenen, dem
Berge zugekehrten Südseite eine dorische Halbsäulenarchitektur
schmückte. Bei ihm gefundene ionische Vollsäulen, dazu

passende Kapitelle und Gebälkteile lassen vermuten, daß über dem dorischen sich noch ein ionisches Geschoß erhob; Stücke roh gearbeiteter Fries- und Giebelreliefs mit Kampfdarstellungen dürften den Fundumständen nach gleichfalls eher diesem Baue als dem Propylon zugehören. Zeit und Zweck des Monumentes bleiben noch zu ermitteln, doch sei schon jetzt hervorgehoben, daß an keiner Seite Anhaltspunkte für einen Aufgang zum Oberstocke, der allein einen Innenraum besessen haben könnte, sich haben nachweisen lassen.

In christlicher Zeit wurde an die Südostecke ein Wasserleitungsstrang von Osten her geführt, dessen Wasser etwa 5 m tief in ein hinter der Rückwand hergestelltes schmales Klärbassin herabstürzte. Von dort aus wurde es mittels eines roh durch das Massiv gebrochenen Kanales in ein gegen die Straße hin vorgelegtes Bassin geleitet, dem die Architektur der Nordfront großenteils weichen mußte. Interessant ist eine an der Rückseite angebrachte Vorrichtung, die etwa im Überschusse zuströmendes Wasser je nach der Menge auf ein bis drei Rohrstränge verteilte.

Die charakteristischen Züge der ursprünglichen Gestalt dieses Bauwerkes kehren wieder bei einem in geringem Abstande weiter nach Osten aufgedeckten Monumente. Wieder steht auf hohem viereckigen Sockel, von unten unzugänglich, ein tempelartiger Bau ohne Innenraum; nur daß diesmal die Cella als Oktogon ausgestaltet ist, das eine Peristasis von acht den Ecken des Oktogons entsprechend angeordneten ionischen Säulen umgibt. Das Gebälk zeigt mancherlei Besonderheiten, als Dach ist eine achteckige Stufenpyramide gesichert, deren oberen Abschluß eine Kolossalkugel bildete. Gerne wird man sie von einer Nikefigur überragt denken und in dem Ganzen ein prächtiges Siegesdenkmal erblicken, das in dem unweit auf der Höhe des Panajirdagh aufragenden hellenistischen Rundbau ebensowohl eine Parallele findet, wie es der für ihn vorgeschlagenen Deutung (Anzeiger 1898, Nr. VII—VIII, Jahresh. I, Beibl. Sp. 80) zur willkommenen Stütze dient. Auch hier wird die Detailuntersuchung noch manche Aufschlüsse, zumal für die chronologische Frage bringen; ausgeschlossen ist schon jetzt die naheliegende Kombination mit den sicherlich von einem ähnlichen Baue stammenden, vor der Bibliothek gefundenen Reliefs (Anzeiger 1904, Nr. IX, Jahresh. VII, Beibl. Sp. 53 ff., 157 ff.), da die Sockelverkleidung, glatte Marmorplatten, teils in situ, teils im Schutte liegend, fast vollständig erhalten ist. Auf der der Straße zugekehrten Nordseite wurden im vierten nachchristlichen Jahrhunderte zwei umfangreiche Erlässe der Kaiser Valentinian, Valens und Gratian aufgeschrieben, die hier nur mit einigen Bemerkungen abgedruckt werden sollen, da ihre ausführliche sachliche Erläuterung durch G. Schulten demnächst bevorsteht.

I. An der Osthälfte des Sockels auf drei Platten von 1·59 m Höhe und 1·28 m + 0·90 m + 0·88 m Breite in etwa 0·03 m hohen Buchstaben sorgfältig eingegraben.[1]

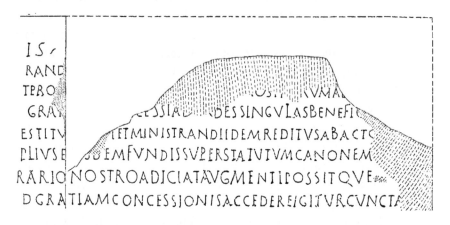

Fig. 5. I, Z. 1—8, Ende.

D. D. D. n. n. n.] Auggg. Valentinia[nus, Valens] Grati[an]us. Hab(e) Eutropi, car(issime) nobis. [Quae de statu provinciae Asiae nuntias, scili-
cet ex red]itibus fundorum iuris re[i pribatae, quo]s intra Asiam diversis quibusque civitatibus ad instaurand[a mecnia aliosque eiusmodi sumptus sus-

---

[1] Die Ergänzung der Lücken Z. 1—3 will natürlich nur ungefähr den Sinn, nicht die Worte treffen. Die Einschiebung von dum in Z. 5 ist durch die Syntax gefordert, auch paläographisch leicht zu rechtfertigen; es liegt Haplographie si quidem (dum) vor, wofür die folgende Inschrift mehrere Belege bietet. Z. 12 hat der Stein HACSANIQVIA, Z. 23 ACONFECTIS. Die Ergänzungen in Z. 20/1 und Z. 22 werden G. Schulten verdankt.

tinendo]s habita aestimatione concensimus, capere quidem urb[e]s
singulas beneficii nostri uberem fructum et pro [portione
largitionum n]os[trar]um a[dhuc e re-
centi]um squalore ruinarum in antiquam sui faciem nova repa-
ratione consurgere, verum non integram gra[tiam con]cessi
ad [ur]bes singulas benefic[ii
perv]enire, siquidem, (dum) pro partibus praestitis reditus civi- 5
tatibus potins, q[ua]m ipsi cum reditibus fundi fuerint
restitu[end]i et ministrandi, idem reditus ab act[oribus
pr]ibatae rei nostrae et diu miserabiliterque poscantur et vix
aegr⟨a⟩eque tribuantur adque id, quod amplius e[x i]sdem
fundis super statutum canonem
c]olliga⟨n⟩tur, et isdem civitatibus pereat eorundemqu⟨a⟩e ac-
torum fraudibus devoratum nihil tamen aerario nostro
adiciat augmenti possitque
a curialibus vel excultione maiore vel propensiore diligentia
nonnullus praestitionis cumulus ad gratiam concessionis
accedere, igitur cuneta
diligenti coram investigatione perspeximus. ~ Et primum Efe-
senae urbis, quae Asiae caput est, missa ad nos dudum
legatione poscen[ti
p]artem redituum, non fundorum advertimus fuisse concessam; 10
unde illi interim, quam esse omnium maximam nulla du-
bitatio est, in parte co[n-
c]essa cum eo fundo, quem Leucem nomine nostra iam liberali-
tate detentat, tra[di] centum iuga promulgata sanctione
mandavimus, ut eius exemplo, quid adhoc
ista in reparandis moenibus profecerit, intuentis, an reliquis
praestandum sit similia, decernamus. Ha⟨n⟩c san⟨e⟩ quia
ration[e] plenissima, quod intra Asiam rei publicae
in[g]a esse videantur cuiusque qualitatis quantumve annua
praestatione dependant, mansuetudo nostra instructa [c]o-
gnovit, offerendam experientiae tu[ae
credidimus optionem, ut, si omnem hanc iugationem, quae est
per omnem diffusa⟨m⟩ provinciam, id est sex milia septingenta triginta sex semis opim[a
adque idonea iuga, quae praeter vinum solidorum ad fixum 15
semel canonem trea milia extrinsicus solidorum annua
praestare referuntur, sed et septingenta tr[ia?

etiam defecta [a]c sterilia iug[a], quae p[e]r illa, quae idonea
diximus, sustinentur, suscipere propria praestatione non
abnuvis, petitis maiestas nostra consen[tiat,

s[c]ili[c]et u[t] arbitrio tuo per curias singulas omni iugatione
dispersa, retracto eo redituum modo, quam unicuique civitatum propria largitione concen[simus,

r]eliquam summam per officium tuum rei privatae nostrae in-
ferre festines, ut et omnem usuram˙ diligentia⟨m⟩ avidis
eripiamus actoribus et, siquid extrinsi[cus   .

luc]ri est, cedat rationibus civitatum. Sane quia rerum omnium
integram cupimus habere notitiam et ex industria nobis
tuam expertam diligen[ti]a[m fo-

20 re fat]emur, plena te volimus ratione disquirere per omnem
Asiam provinciam fundos iugationemque memoratam, qui
in praesentem diem ha[bita

licitati]one possideant et quantum per inga singula rei privatae
nostrae annua praestatione dependant, qui etiam opimi
adque utiles fundi

fisc]o gr[ati si]ngulis quibusque potentissimis fuerint elocati et
qui contra infecundi ac steriles in damnum rei nostrae
paenes actores

f]uerint d[etenti, s]cilicet ut omni per idoneos ratione discussa
a(c) confectis quam diligentissime brevibus mansuetudini
nostrae veri

fidem nunt[i]es, u[t instr]ucti super omnibus amplissimum effi-
cacis industriae praestantiae tuae testimonium deferamus.

II. An der Westhälfte des Sockels, von voriger durch
eine unbeschriebene Platte getrennt, auf drei Platten von
0·92 *m* + 1·05 *m* + 1·12 *m* Breite; Buchstaben in Z. 1 0·045 *m*
hoch, in den übrigen von 0·03 *m* auf 0·025 *m* abnehmend.[1]

---

[1] Z. 4 ist am Schlusse, entsprechend dem τοιαύτην des griechischen Textes
(Z 18), nach edi[tio ita ergänzt; der Raum ist allerdings sehr knapp.
Z. 7 hat der Stein CIVITE, Z. 10 LAVDAERGO, Z. 12 DIGNITA-
TIEMEN; alle drei Fälle erklären sich durch Haplographie. Z. 13 steht
auf dem Steine DESEANT, Z. 16 THCYNOΔOY, Z. 17 ЄΠIMEI-
CΘHNAI, Z. 21 MHTPOΠOAEI, Z. 27 THCCΠAPXIAC, Z. 28
YΠOKAΘICTANTA%%, Z. 29 ANAΛWCANTEC, Z. 30 ЄNTHCAY-
TOYMΛΛON.

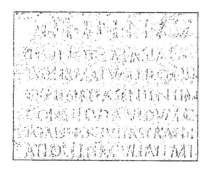

Fig. 6. II, Z. 1—7, Anfang. Fig. 7. II, Z. 15—21, Anfang.

D. D.] D. n. n. n. Auggg. Valen[t]inianus, Valens, Gratia[n]us.
[Hab(e)?] Feste, [car(issime) n]ob(is).

Honorem Asiae ac totius provinci[a]e dignitatem, quae ex iu-
dicantis pendebat arbitrio, [exe]mplo Illyri[ci] a[d]que
[It]alarum urbium recte perspexi[mus

esse firmatum. Nec enim utile videbatur, u[t po]npa conventus
publici unius arbitrio gereretur, qu[a]m consuet[u]dinis
instaurata deberet solemnitas

exhibere. Ex sententia deni[q]ue factum est, quod divisis officiis per quattuor civitates, quae metropolis apu[d] Asiam
nominantur, lustralis cernitur edi[tio ita (?)

constituta, ut, dum a singulis ex[hi]bitio postulatur, non desit 5
provinciae coronatus nec gr[a]vis cuiquam erogatio sit
futura, cum servatis vicibus qu[in-

to anno civitas praebeat editorem. Nam et [illu]d quoque
libenter admisimus, quod in minoribus m[u]nicipiis gene-
ratis, quos popularis animi gloria maior

attollit, facultatem tribui edendi mu[ner]is postulasti, videlicet
ut in metropoli Efesena al[ia] e civi(ta)te asiarchae sive
alytarchae pro[ceda]n[t ac] s[ic

officiis melioribus nobilitate contend[an]t. Unde qui desideriis
sub seculi nostri felicitate ferv[entib]us gaudiorum debea-
mus f[om]en[t]a [p]raes[t]are, c[ele-

brandae editionis dedimus potestat[e]m, adversum id solum
voluntatem contrariam ref[eren]tes, ne suae civitatis obliti
e[i]us, in qua ediderin[t

· 10 munera, cu[ria]e socientur, Feste kar[i]ssime ac iucundissime.
Landa(ta) ergo experientia tua n[ost]ri potius praecepta
sequatur arbitrii, ut omn[es,

qui ad hos h[on]ores transire festinant, c[u]netas primitus civitatis suae restituant functiones, u[t p]eractis curiae mune-
ribus a[d h]onorem totiu[s

provinciae debito fabore festinent, p[er]cepturi postmodum, si
tamen voluerint, senato[r]iam dignitatem, (ita tam)en, ut
satisfacien[te]s legi in locis s[uis

alteros dese(r)ant substitutos. Ceterum nequaquam ad commo-
dum credimus esse iustitiae, ut expensis rebus suis labori-
busque transactis

veluti novus tiro ad curiam transeat alienam, cum rectius ho-
noribus fultus in sua debeat vivere civitate.

15 Τὴν τειμὴν τῆς Ἀσίας καὶ ὅλης τῆς ἐπαρχίας τὸ ἀξίωμα, ὅπερ καὶ ἐκ τῆς
ἐπικρίσεως ἤρτητο τοῦ ἄρχοντος, ἐξ ὑποδίγματος τοῦ Ἰλλυρικοῦ
καὶ τῶν [τ]ῆς Ἰταλίας

πόλεων ὀρθῶς λείαν κατενοήσαμεν διακεκρίσθαι. Οὔτε γὰρ λυσιτελὲς
ἐνομίζετο τὴν πομπὴν τῆ(ς) συνόδου τῆς δημοσίας ἑνὸς γνώμῃ
πράτ[τε]σθαι,

ἢ[ν] ἐκ συνηθίας ἐπανατρέχοντες οἱ χρόνοι ἀπήτουν. Ἀκολούθως τοίνυν
γεγένηται ἐπιμε(ρ)ισθῆναι τοὺς χρόνους εἰς τὰς τέσσαρας πόλεις,
αἵτινες

μητροπόλεις ἐν Ἀσίᾳ ψηφίζονται, ὡς τὴν τῆς πενταετηρίδος ἔκδοσιν τοιαύτην ἔχειν τὴν κατάστασιν καὶ μηδεπώποτε δύνασθαι λείπειν

τὸν κοσμούμενον ὑπὸ τοῦ τῆς Ἀσίας στεφάνου. Ἀλλ' οὔτε ἐπιφορτίζεσθαί
τις δύναται ὑπὸ τοῦ δαπανήματος, ἐπὰν μάλιστα ἀμοιβαδὸν τρε-
χόντων

20 τῶν χρόνων ἑκάστῃ τῶν μητροπόλεων μετὰ πενταετῆ τὸν χρόνον
δίδωσιν τὸν λιτουργή[σ]οντα. Καίτοι ἡδέως προσηκάμεθα ἐπί περ
τοὺς τε-

χθέντας ἐν ταῖς μικραῖς πόλεσιν, ἐπὰν δημοτικωτέρας γενάμενοι ψυχῆς τὸν
ἔπαινον τὸν ἐκ τοῦ δήμου φαντάζωντε, ἐξουσίαν αὐτοῖς

παρέχεσθαι τοῦ ἐν τῇ Ἐφεσίων μητροπό(λ)ει μόνῃ τὴν ἀσιαρχίαν ἢ τὴν
ἀλυταρχίαν αὐτὸν ἀνύειν καὶ τοῖς καθήκοις τοῖς καλλίοσιν ἐκ τῆς
ἐπιφανοῦς

λειτουργίας φαίνεσθαι. Ὅθεν, ἐπειδὴ ἐκ τῆς εὐμοιρίας τῶν καιρῶν τῶν
ἡμετέρων αἱ ἐπιθυμίαι αἱ πλίονα τὴν ἑορτὴν ἔχουσαι ὀφίλουσιν
αὔξεσθαι

καὶ παρ' ἡμῶν αὐτῶν ἔχειν τὴν σπουδήν, βουλομένοις αὐτοῖς λειτουργεῖν
παρέχομεν ἄδιαν, εἰς τοῦτο μόνον διασφαλιζόμενοι τοὺς τοιούτους,
ἵνα μ[ὴ

τῶν ἰδίων πόλεων ἐπιλανθανόμενοι πάντῃ ἑαυτοὺς μεταγράφουσιν, Φῆστε 25
τιμιώτατε καὶ προσφιλέστατε. Ἡ ἐπαινετὴ ἐνπειρία σου τοῦ ἡμε-
τέρου θ[ε]σ-

πίσματος ἀκολουθησάτω τῇ γνώμῃ καὶ πάντας τοὺς εἰς ταύτην τὴν τιμὴν
ἐπιτρέχοντας πάσας πρότερον τὰς λιτουργίας τῇ ἑαυτοῦ πόλει
ἀποπληροῦν

προσταξάτω, πληρωθέντων δὲ τῶν λιτουργημάτων εἰς τὴν τιμὴν τὴν μί-
ζονα, τουτέστιν ὅλης τῆς (ἐ)παρχίας σπεύδουσιν αὐτοῖς ἄδιαν παρε-
χέτω, δυναμένοις μ[ετὰ

ταῦτα καὶ τὸ τῶν λαμπροτάτων ἀξίωμα κ[α]τ[αδ]έχεσθαι, οὕτως μέντοι,
ὡς πρότερον αὐτοὺς τὸ ἱκανὸν ποιοῦντας τῷ νόμῳ εἰς τὸν ἑαυτῶν
τόπον ὑποκαθίσταν(ται) τα[ῖς

ἑαυτῶν πατράσιν ἑτέρους. Οὔτε δὲ ἑτέρο[θι λ]υσιτελεῖν νενομίκαμεν αὐτοῖς,
ἵνα ἀναλώσ(α)ντες τὰ ἑαυτῶν μετὰ τοὺς πόνους τῶν λειτουργημά-
των ἀπα[χθεὶς

ὡς νεαρὸς τίρων εἰς ἕτερον βου[λευτ]ή[ριο]ν ἑαυτὸν μεταγράφει ὀφίλων 30
ἐν τῇ (ἑ)αυτοῦ μ(ᾶ)λλον ζ[ῆ]ν τε καὶ φαίνεσθαι πόλει.

Die Nordseite der Straße nimmt ein später Apsidenbau
ein, der nur zum Teile freigelegt ist. Seine Südmauer steht
auf niedrigen Bogenwölbungen, als deren Stützen unkannelierte
Säulentrommeln aus weißem Marmor verwendet waren. Bis
jetzt sind deren zehn gefunden, die im Durchmesser zwischen
1·10 m und 1·15 m, in der Höhe zwischen 1·40 m und 1·76 m
variieren. Sie sind offenbar aus einem Kultlokale der Kureten
verschleppt, da sie ringsum mit Listen dieser Körperschaft be-
schrieben sind, und gewähren einen interessanten Einblick in
die Organisation und Entwicklung dieses Kollegiums. Wie ein
Vergleich der dreißig mehr oder minder vollständig erhaltenen
Listen zeigt, bestand es aus sechs jährlich wechselnden Mitgliedern vornehmer Abkunft, κούρητες (in zwei Ausnahmsfällen

kommt ein siebentes, einmal ausdrücklich ἕβδομος κούρης genanntes vor) und einem länger, vielleicht auf Lebenszeit, fungierenden Dienerpersonal, das den Namen nach meist aus Sklaven sich rekrutierte. Der Bestand desselben vermehrt sich im Laufe der Jahre oder wurde doch später in größerer Vollständigkeit in die Listen aufgenommen. Die ältesten, etwa der Mitte des ersten Jahrhunderts unserer Zeitrechnung angehörigen Listen kennen bloß einen σπονδαύλης, zu dem bald ein ἱεροκῆρυξ tritt. Später vervollständigt sich das Verzeichnis durch einen ἱεροσκόπος, ἱεροφάντης und ἐπὶ θυμιατροῦ; nur ausnahmsweise finden sich ein ἀγνεάρχης und ἱεροσαλπικτής. In dieser Gestalt erhielt sich die Körperschaft bis gegen Ende des zweiten nachchristlichen Jahrhunderts; später scheint eine durchgreifende Neuorganisation stattgefunden zu haben, für die aber noch zu wenig Belege vorhanden sind, um klaren Einblick gewinnen zu können. Als Probe sei eine der neronischen Zeit angehörige Liste gegeben, die gleichzeitig zwei bisher unbelegte Chiliastyennamen kennen lehrt:

Ἐπὶ πρυτάνεως Χαριδήμου τοῦ Χαριδήμου τοῦ
Χ[α]ριδήμου. Κούρητες εὐσεβεῖς · Ἥσυχος
Χαριδήμου χι(λιαστὺν) Κλαυδιεύς. Ἀγαθά[νγ]ελος
Χαριδήμου χι(λιαστὺν) Νερωνιεύς. Κόρος Χαρι[δή]μου
5 χι(λιαστὺν) Κλαυδιεύς. Δημοκράτης Φιλοκώ[μου] χι(λιαστὺν)
Γλαύκηος. Ἑρμᾶς Μητροφάνου χι(λιαστὺν) Κ[λαυδιε]ύς.
Ἀγαθόπους Χαριδήμου χι(λιαστὺν) Νερων[ιεύς.
Μᾶ]ρκος ἱεροσκόπος. Καπίτων [ἱεροκῆρυξ.
Ὀλυμπικὸς] ἐπὶ θυμιατροῦ. Μη[τρᾶς σπον-
10 δαύλης.

Nur kurz kann hier besprochen werden, was die Grabungen an der sogenannten Doppelkirche im Norden des Stadtgebietes ergeben haben, da die Arbeiten daselbst noch nicht zum Abschlusse gediehen sind. Freigelegt ist bis jetzt das ganze Innere der eigentlichen Kirchenanlage samt dem westlich vorgelegten Atrium sowie ein Teil des westlich an dieses sich anschließenden, vermutlich quadratischen Säulenhofes. Der bisher vollständigste Grundriß bei Hübsch (Die altchristlichen Kirchen, Taf. XXXI, wiederholt in Strzygowski, Kleinasien ein Neuland der Kunstgeschichte 142, Abb. 110) erfährt mannigfache und wichtige Korrekturen und Ergänzungen, die aber noch nicht in einer Neuaufnahme zusammengefaßt werden konnten. Dagegen haben neu gefundene Inschriften wertvolle Aufschlüsse über Datierung und Benennung gebracht. Der Türsturz der Mitteltür zwischen dem quadratischen Säulenhofe und dem Atrium trägt in sorgfältigen, etwas gezierten, 0·06 m hohen Buchstaben die Inschrift:

† Ἔστη (sic) ἡ σύνταξις τοῦ περιθύρου ἐπὶ Ἰωάννου τοῦ ἁγιωτάτου ἀρχιεπισκό(που). †

Nach dem Charakter des Ornamentes kann der hier genannte Erzbischof unter den fünf von Le Quien, Oriens christianus aufgezählten dieses Namens nur mit dem zweiten identifiziert werden, der als Verfasser einer Kirchengeschichte in syrischer Sprache bekannt ist und in den Jahrzehnten nach 529 n. Chr. in Kleinasien eine eifrige Tätigkeit entfaltete. Vgl. Krumbacher, Gesch. der byz. Literatur 404; Gelzer ebenda 940. Damit steht fest, daß die eigenartige Gestaltung des Grundrisses, die zu dem Namen Doppelkirche Anlaß gegeben hat und welche die Voraussetzung für die Anlage des Atriums bildet, spätestens unter Justinian ausgebildet war. Hiermit steht in Einklang eine Inschrift, die auf einer der Verkleidungsplatten des Narthex der Westhälfte eingegraben war:

† Τοῖς κατὰ τὴν Ἐφεσίων πιστοῖς † Ὑπάτιος
ὁ ἐλάχιστος ἐν Κυρίῳ χαίρειν. Πᾶσαν
ὑπὲρ ἡμῶν ἑκουσίως ὑπομείνας ἀτρέπτως
κένωσιν Ἰησοῦς Χριστός, ὁ θεὸς ἡμῶν, ἐτα-
5 πείνωσεν ἑ[α]υτόν, [ὥ]ς φησιν ὁ θεῖος ἀπόσ-
τολος, ἄχρι θανάτου, [θ]ανάτου δὲ σταυροῦ
καὶ μετὰ τὸν ζωοποιὸν αὐτοῦ σταυρὸν καὶ
θάνατον, ὡς ἡ τῶν εὐαγγελίων ὑφηγεῖ-
ται παράδοσις, ὑπὲρ ἀφάτου φιλανθρω-
10 πείας γυμνὸς καὶ ἄταφος ἀπυρριπτεῖται
καὶ πρὸς τοῦ Ἰωσὴφ κηδε[ύ]εται καὶ ἐν τῶ μνή-
μείω τῶ ἐκείνου τίθεται, μέχρι τούτου κατὰ
πάντα ἡμῖν τοῖς ταπεινοῖς ὁμοιωθεὶς χωρὶς
ἁμαρτίας. Εἴ τις οὖν ἐπιμελήσει[ε] τὴν ὁσίαν
15 ταύτην θεράπειάν τε καὶ τιμὴν ἐπὶ τοῖς

προαναπαυσαμένοις ἡμῶν ἀδελφοῖς, γι-
νωσκέτω ταῦτα περὶ τὸν κύριον ποιῶν. Καὶ
γὰρ καὶ ἡ ἁγιωτάτη ἡμῶν ἐκκλησία τῆς πα-
ναγίας ἐνδόξου θεοτόκου καὶ ἀειπαρ-
20 θένου † Μαρίας καὶ τῆς τιμίας αὐτῶν ἐκφορᾶς
προενόησεν καὶ τοὺς εἰς τοῦτο διακονου-
μένους εὐαγεῖς δεκάνους καὶ τὰς εὐλα-
βεστάτας κανονικὰς παραμύθειαν ἔχειν
ἐκ τῶν ἑαυτῆς διετύπωσεν πραγμάτων,
25 ὡς μηδενὶ περιλιφθῆναι φιλαργυρίας Ἰου-
δαϊκῆς πρόφασιν. Καὶ εἴ τις ἀπὸ τοῦ νῦν
ὑπὲρ ἐκκομιδῆς τι λάβοι παρά τινος
ἢ δῶ τινι τῶν ἐκκομιζόντων
ἢ περιφρονήσοι τῆς αὐτῶν τιμίας ἐκκο-
30 μιδῆς ἢ τοιοῦτό τι γεγονὸς μαθὼν μὴ
προσαγγείλῃ, πρῶτον μὲν ἴστω τὴν τοιαύτην ἀσέβειαν εἰς αὐτὸ τὸ τοῦ κυρίου σῶμα
τολμήσας, ἔπειτα καὶ ἡμῶν καὶ πασῶν
τῶν ἁγιωτάτων ἡμῶν ἐκκλησιῶν
35 ἀλλότριος ἔσται †.

Der Schreiber dieses Hirtenbriefes Hypatios kann dem
Schriftcharakter nach nur mit dem älteren der beiden im Oriens
christianus genannten Bischöfe dieses Namens identisch sein,
der auf 531 datiert ist; diesen Schluß bestätigt ein in der
Doppelkirche gefundenes Fragment eines Erlasses Justinians
an einen Erzbischof Ὑπ]άτιος.

Die Inschrift ist auch darum wichtig, weil sie durch
Z. 18—20 bezeugt, daß die Kirche der Παναγία ἔνδοξος θεοτόκος
καὶ ἀειπάρθενος Μαρία geweiht war. Bekanntlich wurde das dritte
ökumenische Konzil 431 in Ephesus in der Marienkirche abgehalten; es kann keinem Zweifel unterliegen, daß die Doppelkirche, sei es in ihrer vorerst nur für spätere Zeit gesicherten
komplizierteren, sei es in einer älteren einfacheren Gestalt, den
Schauplatz dieses wichtigen Ereignisses der Kirchengeschichte
gebildet hat.

Wie in vorangegangenen Jahren darf auch der verlie-
gende Bericht nicht schließen, ohne in erneuter ehrerbietiger
Dankbarkeit der mannigfachen, stets bereiten Förderung zu

gedenken, welche dem Unternehmen von seiten der k. und k. Botschaft in Konstantinopel und des k. und k. Generalkonsulates in Smyrna zuteil geworden ist. Zu wärmstem Danke fühlen sich sämtliche Teilnehmer Herrn kais. Rat H. Edlen von Mattoni verpflichtet für neuerliche reiche Spenden seines heilsamen Mineralwassers, desgleichen den Direktionen des k. k. österr. Lloyd und der k. k. priv. Südbahngesellschaft für Gewährung von Fahrpreisvergünstigungen.

HEBERDEY. Grabungen in Ephesus 1904.

Fig. 1. Bibliothek von Ephesus.

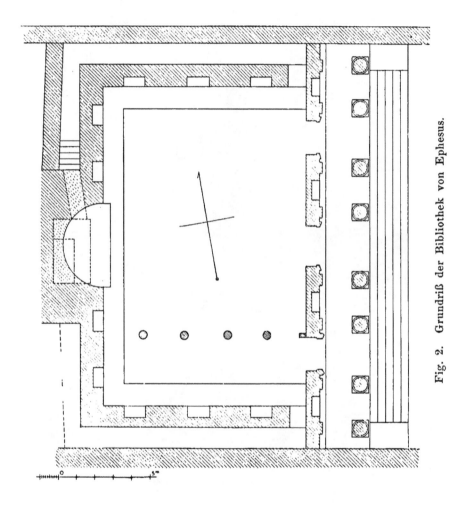

Fig. 2. Grundriß der Bibliothek von Ephesus.

Jahrg. 1905.   Nr. XVIII.

Sitzung der philosophisch-historischen Klasse vom 12. Juli.

Der Sekretär, Herr Hofrat Ritter von Karabacek, legt den von Sr. Exzellenz dem Herrn Minister für Kultus und Unterricht übersandten, vom Kustos der Prager Universitäts-bibliothek, Josef Truhlař bearbeiteten, mit Unterstützung des genannten Ministeriums herausgegebenen I. Teil des ‚Catalogus codicum manuscriptorum latinorum qui in c. r. bibliotheca publica atque universitatis Pragensis asservantur (Codices 1—1665 forulorum I—VIII), Pragae 1905‘ vor.

Es wird für diese Spende dem k. k Ministerium der Dank ausgesprochen.

Der Sekretär legt weiters die folgenden, an die Klasse gelangten Druckwerke vor, und zwar:

1. ‚Dr. Georg Agricola. Ein Gelehrtenleben aus dem Zeitalter der Reformation. Von Professor Dr. Reinhold Hofmann. Mit dem Bildnis Agricolas. Gotha 1905‘, von der Verlagsbuchhandlung eingesandt;

2. ‚Un texte Arabico-Malgache ancien transcrit et traduit par Gabriel Ferrand, consul de France. Alger 1905‘, vom Autor übersandt;

3. ‚A Descriptive Catalogue of the Sanskrit Manuscripts of the Government Oriental Manuscripts Library, Madras. By the late M. Seshagiri Sastri, M.-A., and M. Rangacharya, M.-A., Rao Bahadur. Prepared under the orders of the Government of Madras. Vol. I. Vedic Literatur. Second part. Madras 1904‘, übersendet vom Government of Madras;

4. „Codex 689 du Vatican. Histoire de la conversion des Géorgiens au christianisme par le patriarche Macaire d'Antioche. Traduction de l'Arabe par Mme. Olga de Lébédew, offert aux membres du XIVme congrès international des orientalistes. Roma 1905;'

5. „Records of the Sheriff Court of Aberdeenshire. Edited by David Littlejohn, LL. D. Volume I. Records prior to 1600. (Aberdeen University Studies: Nr. 11), Aberdeen 1904,' übersendet von der Universität in Aberdeen.   ·

Es wird hierfür der Dank der Klasse ausgesprochen.

Professor Dr. Alois Musil dankt für die ihm zur Vervielfältigung seiner Karte von Nordarabien durch das k. k. militär-geographische Institut in Wien bewilligte Subvention.

Zur Kenntnis.

Die philosophisch-historische Klasse hat in ihrer Sitzung vom 5. Juli beschlossen, nach dem verstorbenen w. M. Hofrat Mussafia das w. M. Herrn Professor Meyer-Lübke in den Vorstand der Diez-Stiftung zu entsenden.

Jahrg. 1905.   Nr. XIX.

Sitzung der philosophisch-historischen Klasse vom 11. Oktober.

Seine Exzellenz, der vorsitzende Vizepräsident Ritter von Hartel, begrüßt die Mitglieder bei der Wiederaufnahme ihrer akademischen Tätigkeit nach den Ferien und heißt das erschienene neugewählte w. M. Hofrat Dr. Jakob Minor willkommen.

Der Vorsitzende gedenkt hierauf des Verlustes, den die Akademie durch das am 20. August l. J. erfolgte Ableben ihres k. M., Professors Dr. Julius Oppert in Paris, erlitten hat.

Die Mitglieder geben ihrem Beileide durch Erheben von den Sitzen Ausdruck.

Der Sekretär verliest die folgende Zuschrift des hohen Kuratoriums der kais. Akademie, ddo. 7. September 1905:

‚Seine k. und k.-Apostolische Majestät haben mit Allerhöchster Entschließung vom 3. August 1905 zu wirklichen Mitgliedern der Akademie der Wissenschaften in Wien in der philosophisch-historischen Klasse den ordentlichen Professor der neueren deutschen Sprache und Literatur an der Universität in Wien Hofrat Dr. Jakob Minor und in der mathematisch-naturwissenschaftlichen Klasse den ordentlichen Professor der Geographie an der Universität in Wien Hofrat Dr. Albrecht Penck und den ordentlichen Professor der Mathematik an der

Universität in Wien Dr. Wilhelm Wirtinger allergnädigst zu
ernennen geruht.

Seine k. und k.-Apostolische Majestät haben ferner die
von der Akademie vorgenommenen Wahlen korrespondierender
Mitglieder im In- und Auslande huldreichst zu bestätigen geruht, und zwar:

in der philosophisch-historischen Klasse: die Wahl des
ordentlichen Professors der Geographie an der Universität in
Innsbruck Hofrates Dr. Franz Ritter v. Wieser und des ordent-
lichen Professors des Kirchenrechtes an der Universität in
Wien Hofrates Dr. Rudolf Ritter v. Scherer, fürstbischöflichen
Seckauer Konsistorialrates, zu korrespondierenden Mitgliedern
im Inlande, dann die Wahl des Geheimen Regierungsrates Prof.
Dr. Oswald Holder-Egger, stellvertretenden Vorsitzenden
der Zentraldirektion der Monumenta Germaniae Historica in
Berlin, des Mitgliedes der British Academy Dr. James A. H.
Murray in Oxford und des Professors der hebräischen Sprache
und der vergleichenden semitischen Philologie an der Universität in Rom Dr. Ignazio Guidi zu korrespondierenden Mitgliedern im Auslande;

in der mathematisch-naturwissenschaftlichen Klasse: die
Wahl des ordentlichen Professors der Physik an der deutschen
technischen Hochschule in Brünn Dr. Gustav Jaumann, des
ordentlichen Professors der Pharmakologie an der Universität
in Wien Dr. Hans Horst-Meyer und des außerordentlichen
Professors der Petrographie an der Universität in Wien Regierungsrates Dr. Friedrich Martin Berwerth, Direktors der
mineralogisch-petrographischen Abteilung am naturhistorischen
Hofmuseum, zu korrespondierenden Mitgliedern im Inlande
und die Wahl des Professors der Zoologie und vergleichenden
Anatomie Dr. Richard Hertwig, ersten Konservators der zoo-
logisch-zootomischen und vergleichend anatomischen Sammlung
des bayrischen Staates in München, zum korrespondierenden
Mitgliede im Auslande.'

Im Anschlusse daran verliest der Sekretär das Dankschreiben des k. M. Professors Ignazio Guidi in Rom für seine
Wahl zum korrespondierenden Mitgliede.

Zur Kenntnis.

Das k. und k. Ministerium des k. und k. Hauses und des Äußeren in Wien übermittelt eine Zuschrift der k. und k. Gesandtschaft in Stockholm, worin der kais. Akademie der Dank Seiner Majestät des Königs Oskar von Schweden für die Übersendung des VI. Bandes der Schriften der südarabischen Expedition übermittelt wird.

Zur Kenntnis.

Der Sekretär verliest die an die Klasse eingelangten Dankschreiben, und zwar:

1. von Professor Vittorio Fiorini in Rom als Herausgeber des Archivio Muratoriano für die Bewilligung des ‚Archivs für österreichische Geschichte‘ im Schriftentausch;

2. von Professor Dr. Matthias Friedwagner in Czernowitz für die Bewilligung eines Druckkostenbeitrages zur Herausgabe des II. Bandes der Dichtungen des Raoul de Houdenc;

3. von der Université St. Joseph, Faculté Orientale, in Beyrût für die geschenkweise Überlassung der bisher erschienenen sechs Bände der Schriften der südarabischen Expedition;

4. von dem k. M. Professor Hans von Voltelini in Innsbruck für die Verwendung der Akademie zur Erlangung von Abschriften von Aktenstücken aus dem Mailänder Staatsarchive.

Zur Kenntnis.

Der Sekretär legt drei an die Klasse eingesandte Manuskripte vor, und zwar:

1. von Dr. Alfred Jahn, Gymnasiallehrer in Wien, betitelt ‚Somalitexte, gesammelt und übersetzt‘;

2. von Dr. Čiro Truhelka, Kustos am bosnisch-herzegowinischen Landesmuseum in Sarajevo, betitelt ‚Beiträge zu einem deutsch-albanesischen Glossar des gegischen Dialektes‘;

3. von Sr. Exzellenz dem k. M. J. A. Freiherrn von Helfert in Wien, betitelt ‚Radetzky in den Tagen seiner ärgsten Be-

drängnis. Amtlicher Bericht des Feldmarschalls vom 18. bis 30. März 1848';

Die Abhandlung von Dr. Jahn wird der südarabischen, die von Dr. Truhelka der Balkan- und die von Freiherrn von Helfert der historischen Kommission zur Berichterstattung und Antragstellung zugewiesen.

Das w. M. Herr Hofrat Theodor Gomperz legt eine für die Sitzungsberichte bestimmte Abhandlung vor, die den Titel trägt ‚Platonische Aufsätze IV‘. Der erste Abschnitt versucht es, die von Platon in seinem ‚Staate‘ dem Rhetor Thrasymachos in den Mund gelegte These mit einem zwar längst bekannten, aber bisher wenig beachteten und erst kürzlich von H. Diels in seinen ‚Fragmenten der Vor-Sokratiker‘ ans Licht gestellten Bruchstück des chalkedonischen Redners in Verbindung zu bringen. Der zweite Abschnitt gilt der Auseinandersetzung mit Friedrich Blaß, der in der Festschrift ‚Apophoreton‘ (Berlin 1903) eine Reihe von Aufstellungen des Verfassers über die Komposition der ‚Gesetze‘ (‚Platonische Aufsätze III‘), gleichwie über mehrere andere Fragen zu bestreiten unternommen hat. Endlich liefert ein Anhang eine Anzahl von Nachträgen sowohl zu der letztgenannten Abhandlung wie zu einigen anderen in den Akademieschriften enthaltenen Publikationen des Verfassers.

Der Sekretär verliest mehrere Zuschriften, die sich auf die Herausgabe des Mahâbhârata durch die internationale Assoziation der Akademien und gelehrten Gesellschaften beziehen, und zwar:

1. von der kön. schwedischen Akademie der Wissenschaften in Stockholm, welche unter Hinweis auf ihre Bestimmung für die Naturwissenschaften und Mathematik auf die Teilnahme an jener Edition verzichten zu müssen erklärt;

2. von der kön. Gesellschaft der Wissenschaften zu Göttingen, welche mitteilt, daß sie entsprechend den Verhandlungen auf der Nürnberger Mahâbhârata-Konferenz Herrn Professor Dr. Lüders in Rostock für die Fortführung seiner Unter-

suchungen über die Mahâbhârata-Handschriften ein Reisestipendium von 1000 Mark bewilligt habe;

3. von der National Academy of Sciences in Cambridge (Mass.), welche gleichfalls unter Hinweis auf ihre rein naturwissenschaftliche Bestimmung ihre Teilnahme ablehnen zu müssen erklärt.

Zur Kenntnis.

_____

Der Sekretär überreicht eine Einladung des Komitees für die am 17. Oktober l. J. auf dem Zentralfriedhofe stattfindende feierliche Enthüllung eines Petzval- und Schrötter-Denkmales.

Zur Kenntnis.

Es wird das Bureau beauftragt, an beiden Denkmälern namens der kais. Akademie Kränze niederzulegen.

_____

Der Sekretär legt zwei post festum eingelangte Einladungen vor, und zwar:

1. von der Académie royale d'archéologie de Belgique in Antwerpen zu einer anläßlich der 75. Wiederkehr des Jahrestages der Unabhängigkeit Belgiens abgehaltenen Festsitzung am 8. Oktober l. J. und

2. vom Komitee für die Weltausstellung in Lüttich zu dem III. Congrès international de l'art public am 15. bis 21. September l. J.

Zur Kenntnis.

_____

Die kais. Akademie der Wissenschaften hat durch ihre phil.-hist. Klasse folgende Subventionen bewilligt:

1. dem Privatdozenten Dr. Johann Lechner in Wien für eine Studienreise nach reichsdeutschen Archiven zur Ergänzung der Materialien für eine Geschichte der obersten Gerichtsbarkeit des deutschen Reiches im 15. Jahrhundert 600 K;

2. dem Bibliothekar des Stiftes St. Peter in Salzburg, Herrn P. Pirmin Lindner, als Beitrag zu den Druckkosten seines Werkes ‚Monasticon metropolis Salisburgensis antiquae' 2000 K;

3. dem Professor an der Universität in Czernowitz, Herrn Dr. Matthias Friedwagner, zur Herausgabe des II. Teiles der altfranzösischen Gedichte des Raoul de Houdenc 1200 K;

4. dem Professor an der theologischen Fakultät in Olmütz, Herrn P. Dr. Alois Musil, zum Zwecke der Vervielfältigung seiner Karte von Nordarabien durch das k. k. militärgeographische Institut in Wien 3000 K.

Jahrg. 1905.   Nr. XX.

Sitzung der philosophisch-historischen Klasse vom 18. Oktober.

Der Sekretär überreicht folgende an die Klasse gelangte Druckschriften, und zwar:

1. ‚La chronique de France, publiée sous la direction de Pierre de Coubertin. 5ᵉ année, 1904‘;

2. ‚The Age of Patanjali by the late Pandit N. Bhashya Charya. New and revised edition. Madras 1905‘ (Adyar Library Series. Nr. 1); übersendet von der Direktion der Adyar Library Adyar, Madras;

3. ‚Führer durch das Römerkastell Saalburg bei Homburg vor der Höhe von H. Jacobi, königl. Landbauinspektor. Homburg 1905‘;

4. A. C. de Pietro: ‚Del sepolcro originario di San Domnio vescovo e martire di Salona. Appunti archeologico-agiografici. Trieste 1905‘;

5. ‚Deutsche Volkskunde aus dem östlichen Böhmen‘ von Dr. Eduard Langer, 1905. V. Band, 1. und 2. Heft;

6. ‚Archivalische Zeitschrift, herausgegeben durch das bayrische allgemeine Reichsarchiv in München. Neue Folge XII. Band. München 1905‘, übersendet von der Direktion des allgemeinen Reichsarchives.

Es wird hiefür der Dank ausgesprochen.

Das k. M. Direktor A. Conze in Berlin übersendet die 14. Lieferung des Werkes ‚Die attischen Grabreliefs, Berlin 1905‘ und teilt mit, daß mit der in Vorbereitung stehenden 15. Lieferung dieser Publikation das Ende des Hauptteiles derselben erreicht sein wird.

Zur Kenntnis.

_____

Der Sekretär legt eine vom Präsidenten der Sociedad Mexicana de Geografia y Estadistica in Mexico, Herrn Félix Romero, übersandte Einladung zu der am 20. Mai 1906 statt-findenden Feier der 400. Wiederkehr des Todestages von Christoph Columbus vor.

Zur Kenntnis.

_____

Der Sekretär überreicht eine mit der Bitte um Veröffent-lichung in den akademischen Schriften eingesandte Arbeit, be-titelt: ‚Die Aufhebung der bischöflich Olmützschen Münzstatt zu Kremsier' von Dr. Josef Raudnitz, k. k. Ministerialsekretär im Finanzministerium.

Geht an die historische Kommission.

_____

Der Vorsitzende überreicht mehrere Exemplare des ge-druckten Berichtes der Kommission für den Thesaurus linguae latinae über die Münchener Konferenz am 12. und 13. Juni l. J.

Zur Kenntnis.

_____

An Stelle des verstorbenen w. M. Hofrates Richard Heinzel wird das w. M. Professor E. von Ottenthal in die Kommission zur Herausgabe der Bibliothekskataloge des Mittel-alters vom Vorsitzenden berufen.

Jahrg. 1905.   Nr. XXI.

Sitzung der philosophisch-historischen Klasse vom 25. Oktober.

Seine Exzellenz, der Vorsitzende, W. Ritter von Hartel macht Mitteilung von dem am 21. Oktober l. J. zu Bonn erfolgten Ableben des auswärtigen Ehrenmitgliedes der Klasse, Herrn geheimen Regierungsrates und Professors Dr. Hermann Usener.

Die Mitglieder geben ihrem Beileide durch Erheben von ihren Sitzen Ausdruck.

Der Sekretär überreicht die eingelaufenen Druckwerke, und zwar:

1. Kurukh Folk-Lore in the Original. Collected and translitterated by Revd. Ferd. Hahn. Calcutta 1905;

2. Les monnaies de Guillaume de Bronckhorst Baron de Gronsveld (1559—1563) par le Vte B. de Jonghe. Bruxelles 1905. Vom Autor übersandt;

3. Die Landschaft Avers. Von Hartmann Caviezel von Rothenbrunnen. 1905. Vom Verfasser überreicht;

4. C. k. Rada szkolna krajowa o stanie wychowania publicznego w roku szkolnym 1903/4. We Lwowie (Lemberg). 1904.

Es wird für diese Einsendungen der Dank der Klasse ausgesprochen.

Weiters legt der Sekretär den IX. (letzten) Faszikel des I. Bandes des Thesaurus linguae latinae, Leipzig 1905, bei B. G. Teubner, vor.

Zur Kenntnis.

Der Sekretär überreicht eine Abhandlung, betitelt: ‚Neue Römerstudien am rechtsuferigen unteren Donaulimes' von Herrn Leonhard Böhm in Ungarisch-Weißkirchen.

Hiezu bemerkt der Verfasser:

‚In den Denkschriften der kais. Akademie der Wissenschaften, philosophisch-historische Klasse, Band XLI, ward vom verewigten Herrn F. Kanitz unter dem Titel: „Römische Studien in Serbien" ein Aufsatz publiziert, den ich gerne ergänzen und teilweise berichtigen möchte, und zwar darum,· weil ich mich durch neuere autopische Studien im Interesse der Wissenschaft hierzu verpflichtet fühlte.

‚Um diesen Aufsatz besser erklären und erhärten zu können, habe ich demselben die hierzu nötigen Planskizzen und Photographien beigeschlossen, wodurch ich hauptsächlich den „Donauübergang Trajans bei Rama in Serbien" klarzulegen mich bemühte und über die Topographie Lederatas ausführliche Daten vorzulegen mir erlaube.'

Die Abhandlung wird einer Kommission zur Begutachtung und Antragstellung überwiesen.

———

Ferner legt der Sekretär eine Abhandlung vor, welche betitelt ist: ‚Eine außerordentliche, freie, eilende, willkürliche und „mitleidenliche" Reichshilfe und ihre Ergebnisse in reichstagsloser Zeit in den Jahren 1592/3.' Der Autor, Herr Dr. Alfred H. Loebl, Professor an der k. k. Staatsrealschule im XVI. Bezirke in Wien, ersucht um die Aufnahme seiner Abhandlung in die Sitzungsberichte und bemerkt:

Von den Reisen der Reichskriegszahlmeister und der außerordentlichen kaiserlichen Gesandten an die Fürsten und Stände des Reiches ausgehend, wird versucht, die Stellung des Reiches zu den Kreisen und Ständen und deren Haltung in der Angelegenheit einer bisher unbekannten Reichshilfe zu kennzeichnen, welche grell den Kampfplatz zwischen den Trägern des damals noch geltenden dualistischen Staatsbegriffes, zwischen Landesherren und Ständen, zwischen Bischof und Kapitel beleuchtet.

Geldbewilligungen hingen stets mit ständischen Sonderbestrebungen zusammen. Welcher Art diese im ausgehenden 16. Jahrhundert allenthalben im Reiche waren, wird ebenso zu ermitteln versucht, wie das Wesen jener Hilfe, die Art ihrer Einhebung (als Nachahmung des Systems der Krediteinzeln-operationen, wie es damals von der Hofkammer geübt wurde) zu erkennen angestrebt wird.

Endlich werden im Rahmen dieser universalgeschichtlichen Aufgabe auch die Biographien kaiserlicher Staatsmänner — die bisher nicht bekannt waren — berücksichtigt.'

Die Abhandlung geht an die historische Kommission.

Das w. M. Herr Hofrat V. Jagić überreicht als Obmann der linguistischen Sektion der akademischen Balkankommission das eben erschienene VI. Heft der ,Schriften der Balkankommission. Linguistische Abteilung', enthaltend: ,Der heutige lesbische Dialekt verglichen mit den übrigen nordgriechischen Mundarten von Paul Kretschmer. Mit einer Karte. Wien 1905'

Das w. M., Herr Hofrat Th. Gomperz, erstattet im Namen der Thesaurus-Kommission folgenden Bericht:

Die inter-akademische Kommission für die Herausgabe des Thesaurus linguae latinae hat ihre Jahreskonferenz am 12. und 13. Juni l. J. zu München abgehalten. An ihr nahmen unter dem Vorsitz Sr. Exzellenz unseres Herrn Vizepräsidenten die Herren Brugmann (Leipzig), Diels (Berlin), Leo (Göttingen) und v. Wölfflin (München) teil, während Herr Bücheler durch Krankheit ferngehalten war. An die Stelle des bisherigen General-Redaktors Herrn Vollmer, nunmehr ordentlichen Professors an der Münchener Universität, der von der Kommission zum Mitgliede kooptiert worden ist, wurde Herr Dr. E. Lommatzsch aus Freiburg i. B. berufen, der die Oberleitung des Unternehmens vom 1. Oktober d. J. angefangen führen sollte.

Dem Bericht der inter-akademischen Kommission entnehmen wir ferner die folgenden Angaben. Band I ist fertiggestellt. Sobald auch Band II abgeschlossen ist, wird die Drucklegung der Bände III und IV, für die das Zettelmaterial bereits hinreichend geordnet ist, beginnen. Das schwierige Problem der Eigennamen wird mit Band III eine von der bisherigen abweichende Lösung erfahren. Ihre Gesamtheit wird Supplementen vorbehalten bleiben. Im Hauptwerke selbst werden nur solche Eigennamen zur Behandlung gelangen, die durch Fragen der Wort- und Bedeutungsentwicklung mit dem übrigen Sprachstoff unlösbar verbunden sind.

Zur Deckung der Kosten des Unternehmens wurden, von den regelmäßigen Aufwendungen abgesehen, von den Akademien zu Berlin, Göttingen und Wien je M. 1000 beigesteuert. Von der königl. bayrischen Akademie ward ein für den Gehalt eines Assistenten bestimmter jährlicher Zuschuß von M. 420, von der königl. preußischen Regierung wurden zwei Stipendien zu je M. 1200 bewilligt und überdies ein Oberlehrer behufs Teilnahme an der Thesaurus-Arbeit zunächst für ein Jahr beurlaubt. Ferner trägt die königl. bayrische Regierung nach wie vor die Kosten für das Gehalt eines Sekretärs zur größeren Hälfte. Als ständige Beiträge dürfen nunmehr auch diejenigen gelten, welche das Großherzogtum Baden, die freie Stadt Hamburg und das Königreich Würtemberg (mit M. 600, beziehungsweise M. 1000 und M. 700) dem Unternehmen widmen, während die von der Regierung des Reichslandes Elsaß-Lothringen gewährte Unterstützung von M. 500 nicht diesen Charakter besitzt. Die für das nächste Geschäftsjahr (1906) präliminierten Einnahmen belaufen sich auf M. 41.900, die Ausgaben auf M. 43.110, so daß sich ein voraussichtlicher Fehlbetrag von M. 1210 ergibt.

Jahrg. 1905.   Nr. XXII.

Sitzung der philosophisch-historischen Klasse vom 8. November.

Von dem am 2. November l. J. in Würzburg erfolgten Ableben des auswärtigen Ehrenmitgliedes der mathematisch-naturwissenschaftlichen Klasse, Herrn Dr. Albert von Koelliker, Exzellenz, königl. bayr. geheimen Rat und Professor an der dortigen Universität, wurde bereits in der Gesamtsitzung der Kais. Akademie vom 3. November l. J. Mitteilung gemacht und die Mitglieder gaben ihrem Beileide durch Erheben von den Sitzen Ausdruck.

Das k. M. Herr James A. H. Murray in Oxford dankt für seine Wahl zum korrespondierenden Mitgliede der Kais. Akademie.

Desgleichen dankt das k. M. Herr Professor Josef Seemüller in Wien für seine Berufung in die Weistümer- und Urbarkommission.

Zur Kenntnis.

Der Landesausschuß des Königreiches Böhmen in Prag übersendet ‚Monumenta Vaticana res gestas Bohemicas illustrantia sumptibus comitiorum regni Bohemiae ediderunt ad recensendos historiae Bohemicae fontes delegati. Tomus V. Acta Urbani VI. et Bonifatii IX. 1378—1404. Pars II (1397—1404). Opera Camilli Krofta. Pragae 1905.‘

Es wird hierfür der Dank ausgesprochen.

Der Sekretär legt mehrere vom Autor, Mr. Édouard Piette, ancien magistrat, président d'honneur de la Société préhistorique de France, in Rumigny (Ardennes) übersandte Druckschriften vor, und zwar:

1. Gravure du Mas d'Azil et Statuettes de Menton par E. P. avec dessins de l'abbé Breuil. Paris 1902;

2. La collection Piette au musée de Saint-Germain par Salomon Reinach. Paris 1902;

3. Sur une gravure du Mas d'Azil par E. P. 26 janvier 1903;

4. Notions complémentaires sur l'Asylien (Études d'ethnographie préhistorique VI). Paris 1904;

5. Classification des sédiments formés dans les cavernes pendant l'age du Renne. I. (Études d'ethnogr. préhist. VII). Paris 1904;

6. Les écritures de l'age glyptique (Études d'ethnogr. préhist. VIII). Paris 1905.

Es wird für diese Einsendungen dem Autor der Dank der Klasse ausgesprochen.

Endlich überreicht der Sekretär eine mit der Bitte um Aufnahme in das ‚Archiv für österreichische Geschichte‘ eingesendete Abhandlung des Herrn Dr. Max Doblinger, Aspiranten des steiermärkischen Landesarchivs in Graz, betitelt: ‚Die Herren von Walsee. Ein Beitrag zur österreichischen Adelsgeschichte.‘

Geht an die historische Kommission.

Jahrg. 1905.   Nr. XXIII.

Sitzung der philosophisch-historischen Klasse vom 16. November.

Die Bibliothek des Benediktinerstiftes M e l k dankt für die geschenkweise Überlassung des Werkes ‚Monumenta conciliorum generalium saec. XV. Concilium Basileense scriptor. t. III, pars III‘.
Zur Kenntnis.

Der Sekretär überreicht die eingelaufenen Druckwerke, und zwar:

1. ‚Die Bockreiter von Herzogenrath und Valkenburg (1734—1756 und 1762—1776). Nach den Quellen und Gerichtsakten geschildert von Joh. Jak. M i c h e l. 2. Auflage. Aachen 1905‘;

2. ‚Katalog des städtischen Krahuletzmuseums in Eggenburg. Verlag der Krahuletz-Gesellschaft in Eggenburg, o. J.‘;

3. ‚Fanum Apollinis. Carmen praemio aureo ornatum in certamine poetico Hoeufftiano.‘ Accedunt septem poemata laudata. Amstelodami 1905.‘ Übersendet von der königl. niederländischen Akademie der Wissenschaften zu A m s t e r d a m;

4. ‚Verzeichnis der gräflich N o s t i t z schen Gemäldegalerie zu Prag von Paul B e r g n e r. Prag 1905.‘ Vom Besitzer der Bildergalerie, Grafen N o s t i t z, geschenkweise übersandt;

5. ‚Sechsundvierzigste Plenarversammlung der Historischen Kommission bei der königl. bayr. Akademie der Wissenschaften. Bericht des Sekretariats. München. (Juli 1905).‘

Es wird für diese Werke der Dank der Klasse ausgesprochen.

———————

Der Präsident des Nobel-Komitees der schwedischen Akademie zu Stockholm, Herr C. D. af Wirsén, übersendet die Statuten sowie Zirkulare betreffs der nächsten Zuerkennung des literarischen Preises dieser Stiftung und ersucht um Bekanntmachung unter den Mitgliedern der kais. Akademie.

‚Der literarische Preis der Nobel-Stiftung — etwa 140.000 Kronen — (einer von den fünf Nobel-Preisen) wird von Svenska Akademien (der Schwedischen Akademie) alljährlich „demjenigen, der im verflossenen Jahre das Vorzüglichste in idealischer Richtung im Gebiete der Literatur geleistet hat“, erteilt.

Berechtigt, Kandidaten der zu vergebenden Preise vorzuschlagen, sind die Mitglieder der Schwedischen Akademie und die Mitglieder der mit derselben Organisation und Aufgabe ausgestatteten Französischen und Spanischen Akademie, die Mitglieder der humanistischen Klassen anderer Akademien sowie die Mitglieder solcher humanistischen Institute und Gesellschaften, die Akademien gleichgestellt sind, und schließlich die Lehrer der Ästhetik, Literatur und Geschichte an Universitäten.

Es sind die einzelnen Mitglieder der genannten Körperschaften, nicht die Akademien, Gesellschaften etc. als solche, die das Recht haben, Kandidaten vorzuschlagen.

Jedoch ist zu beobachten, daß laut Statuten der Begriff „Literatur“ nicht nur belletristische Werke, sondern auch andere Schriften, falls dieselben durch Form und Darstellung literarischen Wert besitzen, umfaßt; und daß die Bestimmung des Testaments: „im verflossenen Jahre“ so zu verstehen ist, daß Gegenstand der Belohnung die neuesten Resultate von Arbeiten auf den im Testamente erwähnten Kulturgebieten sind, ältere Werke dagegen nur, sofern deren Bedeutung erst in jüngster Zeit dargetan worden ist.‘

Weiter ist zu bemerken, daß die Schriften im Druck erschienen sein müssen; daß ein Preis zu gleichen Teilen auf zwei Schriften verteilt werden kann; daß nur diejenigen, die von zuständiger Person schriftlich vorgeschlagen worden sind, zur Preisbewerbung zugelassen werden; daß persönliche Gesuche nicht beachtet werden; und daß jeder Vorschlag begründet und von den Schriften, auf die hingewiesen wird, begleitet sein muß.

Motivierte Vorschläge für die Erteilung des literarischen Nobel-Preises sind in Stockholm an „Svenska Akademiens Nobel-Kommitté" vor dem 1. Februar jedes Jahr einzureichen.

Wenn ein Kandidat den Preis nicht erhalten hat, muß der Vorschlag erneuert werden, um auch im folgenden Jahre in Betracht kommen zu können.'

Zur Kenntnis.

Jahrg. 1905.   Nr. XXIV.

Sitzung der philosophisch-historischen Klasse vom 22. November.

Der Sekretär überreicht eine post festum von dem k. M. Herrn Professor Josef Seemüller namens des germanistischen Seminares der k. k. Universität eingelangte Einladung zu einer am 20. d. M. im kleinen Festsaale der Universität stattgehabten Trauerfeier für Richard Heinzel.

Zur Kenntnis.

Se. Exzellenz, der Vizepräsident, sowie die beiden Sekretäre waren als Vertreter der Akademie bei der Feier anwesend.

Der k. k. Galizische Landesschulrat in Lemberg übersendet seinen Jahresbericht über den Zustand der dortigen Mittel-, Staatsgewerbe-, Handels- und Volksschulen sowie der Bildungsanstalten für Lehrer und Lehrerinnen pro 1903/4, letzteren Bericht auch in deutscher Sprache.

Zur Kenntnis.

Der Sekretär legt den vom Landesausschusse des Königreiches Böhmen übersandten XXII. Teil des ‚Archiv Česky‘, herausgegeben von Josef Kalousek, Prag 1905, vor.

Zur Kenntnis.

Jahrg. 1905.   Nr. XXV.

Sitzung der philosophisch-historischen Klasse vom 6. Dezember.

Von dem am 23. November l. J. zu Innsbruck erfolgten Ableben des w. M. der mathematisch-naturwissenschaftlichen Klasse, Hofrates Professors Dr. Otto Stolz, wurde schon in der Gesamtsitzung vom 30. November l. J. Mitteilung gemacht, und die Mitglieder erhoben sich zum Zeichen ihres Beileides von den Sitzen.

Das hohe Kuratorium der kais. Akademie teilt mit Zuschrift vom 5. Dezember l. J., Z. 32, K.-St., mit, daß Seine k. und k. Hoheit, der durchlauchtigste Herr Erzherzog-Kurator mit höchster Entschließung vom 4. Dezember l. J. den Vorschlag des Präsidiums der Kais. Akademie, betreffend die Anberaumung der nächstjährigen feierlichen Sitzung auf Dienstag den 29. Mai 1906, um 7 Uhr abends, zu genehmigen geruht habe.

Zur Kenntnis.

Der Sekretär überreicht den soeben erschienenen CXLIX. Band der Sitzungsberichte der philosophisch-historischen Klasse, Jahrgang 1904, Wien 1905.

Zur Kenntnis.

Das w. M. Herr Professor Meyer-Lübke überreicht eine Abhandlung, betitelt: ‚Die Reichenauer Glossen der Handschrift Karlsruhe 115‘, herausgegeben und erklärt von Josef Stalzer in Graz, und beantragt deren Aufnahme in die Sitzungsberichte der Klasse.

Dazu bemerkt der Autor folgendes:

Die von Holtzmann, Diez, Förster zum Teil herausgegebenen Glossen werden hier zum ersten Male vollständig mitgeteilt. Ein kritischer sowie erklärender Kommentar ist beigegeben. Der Verfasser weist nach, daß ein Teil des Bestandes des alphabetischen Glossars aus der Benediktinerregel und den ersten fünfzehn Psalmen geflossen ist. Durch Heranziehung der Textgeschichte der Benediktinerregel ist es auch gelungen, die Abfassungszeit des Denkmales zu bestimmen. Es geht mit größter Wahrscheinlichkeit ins erste Viertel des neunten Jahrhunderts zurück. Daher hat es auch nicht die große Bedeutung in sprachlicher Beziehung, die man ihm beizumessen pflegt; es ist ein lat.-lat. Glossar mit allerdings häufig auftretenden Romanismen, die sich aber in anderen früheren und gleichzeitigen Texten ebenso finden. Der Text ist nicht, wie Diez meinte, für das Volk bestimmt, also bewußt romanisch geschrieben, sondern gelehrte Arbeit, wie die Benützung von Isidor von Sevilla zeigt, wahrscheinlich für den Unterricht im Kloster bestimmt. Eine beigegebene Darstellung der lautlichen und formalen Verhältnisse gestattet, mit einiger Wahrscheinlichkeit das Denkmal dem französischen Sprachgebiete zuzuweisen.

Die Abhandlung wird in die Sitzungsberichte aufgenommen.

Das w. M. Herr Hofrat Anton Schönbach in Graz übersendet eine Abhandlung, betitelt: ‚Studien zur Geschichte der altdeutschen Predigt. V. Stück: Die Überlieferung der Werke Bertholds von Regensburg. II.‘ mit dem Ersuchen um Aufnahme derselben in die Sitzungsberichte.

In dieser Abhandlung werden zunächst diejenigen Sammlungen lateinischer Predigten Bertholds von Regensburg untersucht, für deren Redaktion durch den Verfasser uns bestimmte Gewähr geboten ist. Es wird dabei vom Rusticanus de Dominicis ausgegangen, dessen Eigenschaften festgestellt werden, deren Summe einen gesicherten Maßstab für die Prüfung anderer Sammlungen liefert. Solcher Prüfung werden darauf die Rusticani de Sanctis und de Communi unterzogen, woraus sich ergibt, daß sie nach Anlage und Ausführung vollkommen mit dem Rusticanus de Dominicis übereinstimmen. Es ist möglich, die Zeit ihrer Herstellung auf die Jahre 1250—1255 einzuschränken. Dagegen lehrt die Untersuchung, daß die Sermones ad Religiosos ebensowenig wie die Sermones Speciales als Werke anzusehen sind, an deren Herstellung Berthold selbst beteiligt war. Andererseits beruhen die Predigten der Handschrift zu Freiburg in der Schweiz auf Niederschriften bereits gehaltener Predigten Bertholds, die unter dessen Mitwirkung entstanden sind. Den Schluß der Abhandlung, die von Beigaben begleitet wird, bildet die Aufstellung eines Programmes und ein Entwurf für dessen Durchführung behufs einer wissenschaftlichen Ausgabe der lateinischen Reden Bertholds von Regensburg.

Die Abhandlung wird in die Sitzungsberichte aufgenommen.

Erschienen ist von den akademischen Druckschriften der philosophisch-historischen Klasse:

Sitzungsberichte, CXLIX. Bd., Jahrg. 1904 (Mit einer Textabbildung), Wien 1905. (Preis: 7 K. 70 h. = 7 Mk. 70 Pfg.)

Inhalt: I. Souter: De codicibus manuscriptis Augustini quae feruntur quaestionum Veteris et Novi Testamenti CXXVII. (Preis: 70 h. = 70 Pfg.)

II. Meyer-Lübke: Romanische Namenstudien. I. Die alt-portugiesischen Personennamen germanischen Ursprungs. (Preis: 2 K. 40 h. = 2 Mk. 40 Pfg.)

III. Gomperz: Über die Wahrscheinlichkeit der Willensentscheidungen. Ein empirischer Beitrag zur Freiheitsfrage. (Mit einer Textabbildung.) (Preis: 50 h. = 50 Pfg.)

IV. Steinschneider: Die europäischen Übersetzungen aus dem Arabischen bis Mitte des 17. Jahrhunderts. (Preis: 1 Kr. 90 h. = 1 Mk. 90 Pfg.)

V. Wessely: Ein Altersindizium im Philogelos. (Preis: 1 K. 30 h. = 1 Mk. 30 Pfg.)

VI. Geyer: Zwei Gedichte von Al-'A'šâ. I. Mâ bukâ'u. (Preis: 4 K. 80 h. = 4 Mk. 80 Pfg.)

Jahrg. 1905.   Nr. XXVI.

Sitzung der philosophisch-historischen Klasse vom 13. Dezember.

Der Sekretär überreicht den soeben erschienenen 93. Band, 2. Hälfte, des Archivs für österreichische Geschichte, Wien 1905. Zur Kenntnis.

Ferner legt derselbe die beiden vom Bürgermeister der Reichshaupt- und Residenzstadt Wien, Herrn Dr. Karl Lueger, übersandten Werke vor:

1. Die Gemeindeverwaltung der k. k. Reichshaupt- und Residenzstadt Wien im Jahre 1903. Bericht des Bürgermeisters Dr. Karl Lueger. Wien 1905;

2. Statistisches Jahrbuch der Stadt Wien für das Jahr 1903. XXI. Jahrgang. Bearbeitet von der Magistratsabteilung XXI für Statistik. Wien 1905.

Es wird für diese Einsendungen der Dank ausgesprochen und die beiden Werke werden der akademischen Bibliothek einverleibt.

Der Sekretär überreicht eine von Herrn Paul Cserna in Budapest eingesendete Abhandlung, betitelt: ‚Altösterreichische Räuberpreventivmaßregel‘.

Die Abhandlung wird der historischen Kommission zugewiesen.

Erschienen ist von den akademischen Druckschriften der philosophisch-historischen Klasse:

Archiv für österreichische Geschichte, CXIII. Bd., 2. Hälfte. Wien 1905. (Preis: 3 Kr. = 3 Mk.)

Inhalt. I. Stübel: Die Instruktion Karls V. für Philipp II. vom 25. Oktober 1555. Deutscher Text. (Preis: 1 Kr. 50 h = 1 Mk. 50 Pfg.)

II. Hasenöhrl: Beiträge zur Geschichte der Rechtsbildung und der Rechtsquellen in den österreichischen Alpenländern bis zur Rezeption des römischen Rechts. (Preis: 1 Kr. 60 h = 1 Mk. 60 Pfg.)

III. Wolkan: Die Briefe des Eneas Silvius vor seiner Erhebung auf den päpstlichen Stuhl. Reisebericht. (Preis: 40 h = 40 Pfg.)

Jahrg. 1905.   Nr. XXVII.

Sitzung der philosophisch-historischen Klasse vom 20. Dezember.

Der Sekretär legt die vom Autor, Herrn Landesarchivar Dr. August v. Jaksch in Klagenfurt, übersandten Pflichtexemplare seines von der kais. Akademie subventionierten Werkes vor: ‚Monumenta ducatus Carinthiae, IV. Band: Die Kärntner Geschichtsquellen. IV. Band: 1202—1269; I. Teil: 1202—1262. Klagenfurt 1906'.

Zur Kenntnis.

Der Sekretär überreicht das vom Autor, dem k. M. Herrn Professor Dr. A. Bauer in Graz, eingesandte Werk: ‚Die Chronik des Hippolytos im Matritensis Graecus 121 nebst einer Abhandlung über den Stadiasmus Maris Magni von Otto Cuntz. Leipzig 1905'.

Der Sekretär legt weiters die drei vom Direktor des statistischen Bureaus in Budapest eingesandten Werke vor, und zwar:

1. Die Sterblichkeit der Haupt- und Residenzstadt Budapest in den Jahren 1901—1905 und deren Ursachen. Von Dr. Josef v. Körösy. II. (tabellarischer) Teil, 3. Heft: 1903. Berlin 1905;

2. Die Hauptstadt Budapest im Jahre 1901. Resultate der Volkszählung und Volksbeschreibung. Von Dr. Josef v. Körösy und Dr. Gustav Thirring. II. Bd. Berlin 1905;

3. Statistisches Jahrbuch der Haupt- und Residenzstadt
Budapest. VI. Jahrgang 1903. Redigiert von Professor Dr. Gustav
Thirring. Budapest 1905.

Endlich legt der Sekretär das von der Landesregierung
für Bosnien und die Herzegowina in Sarajevo übersandte
Werk vor: ‚Hauptergebnisse des auswärtigen Warenverkehres
Bosniens und der Herzegowina im Jahre 1904 (VII. Jahrgang).
Sarajevo 1905.‘

Es wird für alle diese Einsendungen der Dank der Klasse
ausgesprochen.